本书由河北经贸大学资助出版
河北省社科基金项目“河北检察办案中的人工智能应用研究”和河北经贸大学科研基金项目“检察权运行机制研究”阶段性成果

中外检察官办案责任制比较研究

张永进 著

中国人民公安大学出版社
·北 京·

图书在版编目（CIP）数据

中外检察官办案责任制比较研究/张永进著．—北京：中国人民公安大学出版社，2019.8

ISBN 978-7-5653-3688-1

Ⅰ.①中…　Ⅱ.①张…　Ⅲ.①检察官—责任制—对比研究—中国、国外　Ⅳ.①D916.3

中国版本图书馆CIP数据核字（2019）第152789号

中外检察官办案责任制比较研究

张永进　著

出版发行：中国人民公安大学出版社
地　　址：北京市西城区木樨地南里
邮政编码：100038
经　　销：新华书店
印　　刷：北京市泰锐印刷有限责任公司

版　　次：2019年8月第1版
印　　次：2019年8月第1次
印　　张：12.25
开　　本：787毫米×1092毫米　1/16
字　　数：177千字

书　　号：ISBN 978-7-5653-3688-1
定　　价：45.00元

网　　址：www.cppsup.com.cn　www.porclub.com.cn
电子邮箱：zbs@cppsup.com　zbs@cppsu.edu.cn

营销中心电话：010-83903254
读者服务部电话（门市）：010-83903257
警官读者俱乐部电话（网购、邮购）：010-83903253
公安业务分社电话：010-83905672

自 序

早在读博之前，因为在邯郸市人民检察院工作的原因，就接触到有关检察官办案责任制的司法改革实践。查阅历史文献、研读改革政策、思考具体制度、评估改革效果，如此往返，时间长达一年，这使我有机会深入思考检察权的微观运行机制。然而，总感觉这些资料和知识难以满足需求，特别是对未来检察官办案责任制改革向何处去的困惑。带着这一困惑，我试图寻找答案。如此，才有了继续读书的热情和渴望。难忘2014年的9月，在工作两年之余，我又重新回到了火热的重庆，开启了学习之旅。在导师孙长永教授的指引下，开始了学术训练和系统学习。

刚开始，我将大部分时间放在有关检察官办案责任制的历史文献及改革试点上，然而，面对当时收集的文献，一脸茫然。特别是无论是主诉检察官改革，还是主办检察官改革，无不是改革前的火热讨论，改革中的舆论推进，改革后的逐渐消散，以至于最后都没有了下文，再也不会有人提起和关注。当下进行的主任检察官改革，还是司法责任制改革会不会陷此窠臼？一个大大的问号浮现在我的脑海：那就是如何客观评价上述乃至于之前的检察官办案责任制改革呢？标准是什么？有什么可以参考的呢？对此，我一直处于思考中。不得不承认，中国当前包括法治进行的现代化进程，都多少受到西方法治文明的影响，特别是我国融入世界的过程，必然要遵守相关国际司法准则的约束。于是，我将关注的重点放在了域外检察官办案责任制上来。利用蹩脚的外语水平，以及国内的学术检索工作，我收集并阅读了大量的文献，试图寻找域外检察官办案责任制的“火花”。然而，这种努力被证明是徒劳的，因为通过有限的阅读和收集，我发现，无论是较为成熟的英美法系、大陆法系国家，还是我们的近邻国家，我们学界对于他们检察官办案责任制竟然没有关注或研究，甚至于仍然处于法律文本翻译的水平。也可能因为知识量太小，也可能因为主题不太突出，从而造成知识上的“炒冷饭”现象。

于是，我怀着一颗忐忑之心，开始了相关域外检察官办案责任制资料的收集和整理，试图去描绘域外检察官办案责任制的清晰面孔，从而为我国检察官办案责任制改革提供学术借鉴和样本参考。于是乎，在接下来的两年时间里，英国检察官办案责任制、日本检察官办案责任制、法国检察官办案责任制、美国检察官办案责任制、德国检察官办案责任制、台湾地区检察官办案责任制等文章先后写就，部分文章还在出版物上得以刊发。虽然有些欣慰，然而，由于语言水平的限制，上述文章的参考文献，要么主要是中文等翻译文献，要么主要是英文等二手文献，这使文章内容的权威性和准确性产生诸多不足。但是，通过域外检察官办案责任制的研究和比较，从中可以发现，虽然检察制度在世界范围内各有差异，甚至始终处于变动之中。但是，在检察权运行机制以及检察官办案责任制上却有许多一致和共通的地方，上述这些也许可以作为我们现在乃至将来检察官办案责任制改革中所遵循的司法规律，以及汲取现代法治文明的经验和参考，进而形成适合我国国情的中国特色社会主义检察官办案责任制理论和实践。是为序！

张永进

2019年3月8日

目 录

引 言

检察官办案责任制是指检察官在办理案件中的职权、运行机制以及违反职责时的责任追究机制。2013 年 12 月，最高人民检察院印发了《检察官办案责任制改革试点方案》，根据该方案，本次改革主要以“保障检察机关依法独立公正行使检察权为目标，以突出检察官办案主体地位为核心，以建立权责明确、协作紧密、制约有力、运行高效的办案组织模式为基础，以落实和强化检察官执法责任为重点”。2014 年 10 月，党的十八届四中全会通过了《关于全面推进依法治国若干重大问题的决定》。该决定明确要求，改革检察官办案责任制，实行“谁办案谁负责，谁决定谁负责”。为贯彻这一重大部署，最高人民检察院在 2015 年 9 月颁布了《关于完善人民检察院司法责任制的若干意见》，进一步明确了检察机关司法责任制的改革目标，即健全司法办案组织，科学界定内部司法办案权限，完善司法办案责任体系，构建公正高效的检察权运行机制和公平合理的司法责任认定、追究机制。2017 年，党的十九大报告提出，深化司法体制综合配套改革，全面落实司法责任制。2018 年，全国人大常委会对《人民检察院组织法》进行了修正，进一步健全了检察办案组织，优化了检察权运行机制。2019 年 2 月，最高人民检察院颁布了《2018—2022 年检察改革工作规划》，要求继续深化司法体制综合配套改革，全面落实司法责任制，健全与司法责任制相适应的检察权运行监督制约机制，突出检察官在司法办案中的主体地位，形成与“谁办案谁负责、谁决定谁负责”要求相适应的检察权运行体系。2019 年 4 月，全国人大常委会对《检察官法》进行了第二次修订。这次修订可谓大修，共增加 20 多条。增加条文主要把检察人员分类管理、员额制等司法改革取得的成果吸收进来。

然而，面对检察制度的“中国问题”，难道仅仅关注中国检察制度的实践或者中国检察制度的顶层设计方案就足以支撑？答案显然是否定的。习近平总书记在关于司法体制改革的系列重要讲话中强调，要求借鉴域外法治有益成果，遵循司法规律，但不照抄照搬国外司法制度。[①] 这就要求我们首先必须搞清楚国外司法制度，搞明白其中的是非曲直，才能做到不照抄照搬。同时，我们还必须通过对国外乃至联合国司法准则的关注和研究，才能归纳和总结司法规律，进而在改革中遵循。具体到检察官办案责任制改革，从现有文献来看，有关域外的检察官办案责任制研究基本上处于空白状态。这就使我们对于域外的检察官办案责任制的认识，仍停留在基本检察制度的比较上，而对于以检察办案组织、检察官职责权限、司法责任认定及追究等为主要内容的检察官办案责任制尚未有全面的文献梳理和深入解读。为了遵循检察官办案责任制规律，防止“生搬硬套”，有必要对域外法治国家的检察官办案责任制进行深入系统的考察和研究，进而为全面落实司法责任制改革提供参考样本和借鉴经验。因此，本书通过对英国、法国、美国、德国、俄罗斯、澳大利亚、日本等国家以及我国香港、澳门、台湾地区检察官办案责任制进行了文献梳理和总结，进而尝试归纳检察官办案责任制的一般经验，从而在对检察官办案责任制的知识和理解上有所增益。

---

① 习近平：“以提高司法公信力为根本尺度，坚定不移深化司法体制改革”，载《人民日报》2015 年 3 月 26 日，第 1 版。

第一章 检察官办案责任制概述

第一节 检察官办案责任制的概念

一、检察官办案责任制的理论界定

从词义上分析，责任在《现代汉语词典》中有两层意思：第一，分内应做的事；第二，没有做好分内应做的事，因而应当承担的过失。由此可见，第一层内涵是积极意义上的责任，侧重于责任主体对自己行为的有效掌控；第二层内涵则是一种消极意义上的责任，侧重于责任主体偏离社会行为规范，而应当受到的惩罚、承担的义务或制裁。① 正如本书所涉及的检察官办案责任制，当前学界多数研究并不直接加以概念界定，而是作为公众知晓的概念进行使用。从有限的概念界定上看，主要可基于历史发展分别称为：主诉检察官办案责任制——主办检察官办案责任制——主任检察官办案责任制——检察官办案责任制。然而，何为主诉或主任检察官办案责任制，学界认识不一。譬如有学者认为，主诉检察官办案责任制是指在检察长领导下，在审查起诉部门实行的以主诉检察官为责任人的检察官办案制度。② 主任检察官办案责任制是指在检察长领导下，以主任检察

① 中国检察学研究会检察基础理论专业委员会：《司法体制改革中司法责任制的发展与完善》，中国检察出版社 2016 年版，第 377 页。

② 吴祥义等："主诉检察官办案责任制的困境及出路"，载《中国检察官》2010 年第 12 期，第 60 页。

官为负责人的检察官办案责任制。[①] 还有学者将此归结为“针对目前检察权运行机制中存在的权责不清，检察官主体地位湮灭，追责不到位等弊端提出的综合性改革措施，集赋权与担责、正面激励与负面评价的有机统一”[②]。还有学者将检察官办案责任制等同于“检察院司法责任制”，是指具有司法资格的检察官在依法授权的范围内，依照法定程序对所承办的案件或者司法事项依法独立作出决定并对办案质量终身负责、对经法定程序认定为错案的情形承担法律后果的一种司法权运行激励约束机制。[③]

上述研究者看似在准确界定概念，实则同义反复。在剔除此类概念后，真正对检察官办案责任制的概念界定可分为以下两种观点：一是将检察官办案责任制归结为检察官的责、权、利。例如，有学者认为检察官办案责任制是指与检察办案相关的责任体系，其基本问题为检察官的责、权、利，[④] 也就是对检察官的办案主体地位确认、有限放权和全面监督，从机制上来看具体包括办案组织、运行机制、保障机制和监督机制。[⑤] 从关系上来看，包括检察官办理案件时所形成的组织关系、工作关系和行为样态。[⑥] 从责任体系上来看，分为目标责任、职责划分和责任承担三个部分。[⑦] 二是将检察官办案责任制归结为检察权的运行机制。龙宗智教授认

---

① 蔡雅奇：“主任检察官制改革探索调查”，载《人民检察》2013 年第 14 期，第 22 页。

② 关仕新等：“结合实践深化司法责任制理论研究”，载《检察日报》2015 年 10 月 12 日，第 3 版。

③ 徐汉明：“检察权与司法行政事务权适度分离”，载《中国法学》2015 年第 4 期，第 84 页。

④ 杜颖：“论检察官办案责任制的责、权、利”，载《海峡法学》2015 年第 1 期，第 106 页。

⑤ 蔡巍：“检察官办案责任制比较研究”，载《人民检察》2013 年第 14 期，第 31 页。

⑥ 高保京：“北京市检一分院主任检察官办案责任制及其运行”，载《国家检察官学院学报》2014 年第 2 期，第 55 页。

⑦ 李乐平、韩彦霞：“检察官办案责任制的比较法考察及启示”，载《人民检察》2014 年第 20 期，第 65 页。

为，检察官办案责任制即检察官承办负责制，是检察权在检察机关内部由个人享有并承担责任的运行机制，[①] 其本质是对检察权的重新配置，实施的关键是对检察官予以放权或者还权。[②] 检察官办案责任制作为微观的运行机制，既是检察权行使的具体方式，也是行使检察权的主体之间职权配置问题。[③] 司法责任制改革属于整个司法权力运行机制中的重要一环，用司法权力运行机制更能准确全面反映改革所涉及的内容和范围。[④]

从上述观点来看，第一种观点侧重从检察官个体角度，对检察官办案责任制进行研究和探讨，并分为检察官的权限、检察官与其他人员的关系、检察官的监督和制约，以及检察官的办案责任。第二种观点则侧重从检察权的角度，围绕检察权的内部运行，将检察官办案责任制的范围界定为检察权的行使主体、运行机制、保障机制、监督机制以及责任机制。所以，看似两者有所区别，实则本质相同，即第一种观点围绕检察官办案而形成的系列制度与第二种观点围绕检察权运行而形成的系统制度，其实是一种事物的两面，不同表现形态，两者都将检察官办案责任制等同于检察权运行机制，只是用不同的语言进行表述而已。

二、检察官办案责任制的实践界定

严格来说，检察官办案责任制并非一个法律上确定的概念，而是围绕检察权运行的制度集合，并且在发展过程中不断变化。检察官办案责任制改革不仅是学术命题，更是司法难题。因为长期以来，在我国检察工作实践中逐渐形成了“检察人员承办→部门负责人审批→检察长或者检察委员会决定”的“三级审批制”办案模式。这种典型的行政化办案体制强

---

① 龙宗智：“检察官办案责任制相关问题研究”，载《中国法学》2015 年第 1 期，第 84 页。

② 龙宗智：“为什么要实行主诉检察官办案责任制——论主诉检察官办案责任制”，载《人民检察》2000 年第 1 期，第 16 页。

③ 张智辉主编：《检察权优化配置研究》，中国检察出版社 2014 年版，第 96 页。

④ 孙应征、刘桃荣：“检察机关司法责任制的理论基础与功能定位”，载《人民检察》2015 年第 20 期，第 11 页。

化了内部监督，保证了检察一体化，有利于降低办案风险和统一执法标准，但却面临行政化色彩偏重、办案效率低下、办案责任不明、错案责任追究制度难以落实等痼疾，难以满足现代国家检察制度和诉讼机制改革的需要。

随着市场经济的发展，传统社会治理机制凸显不足，我国的犯罪总数迅速上升，大量的刑事案件涌入了检察机关。与此同时，1996 年《刑事诉讼法》修改凸显了庭审的对抗制，强化了控辩对抗，客观需要赋予公诉部门检察官一定的裁量权和灵活性。从组织行为学来看，“案件规模是决定办案结构的重要因素”①，因此，在 2000 年最高人民检察院工作报告中首次出现“检察官办案责任制”的表述。当时称之为主诉检察官办案责任制，作为办案机制改革的一部分，其适用范围主要在公诉部门，是指在检察长领导下，由主诉检察官独立承办案件，对事实、证据的认定和所作决定负责的办案工作新机制。其改革的目的主要是改变长期以来办案工作环节多、权责不明晰、错案追究制难以落实的状况，从而通过改革增强主诉检察官的责任心，提高办案质量和效率。检察官办案责任制的出现，意味着检察权运行机制的阻滞和不畅已经亟须调整，同时，围绕检察官作为办案主体，办案机制、监督机制、保障机制、责任机制等内容的改革也被执政者提上司法改革的日程。

第二节　检察官办案责任制与检察权运行机制

一、检察官办案责任制与检察权运行机制的异同

尽管检察官办案责任制与检察权运行机制在一定程度上存在重合关系，但是两者仍然存在很大不同，这些不同正是检察官办案责任制研究必

① ［美］理查德·H. 霍尔：《组织：结构、过程及结果》，张友星等译，上海财经大学出版社 2003 年版，第 95 页。

要性的所在，同时，厘清两者的不同及联系，对于深入推进检察官办案责任制研究也具有重要意义。

一是检察权运行机制与检察官办案责任制存在一定的重合之处。检察权运行机制反映的是检察权的动态化、具体化表现形式，它不仅包括检察机关与政党组织、权力机关、审判机关等外部宏观的运行关系，而且还包括检察权内部运行中检察官与检察长、检察委员会等主体之间的内部微观关系。而检察官办案责任制之中的办案方式等核心内容其实就是这种检察权的内部微观运行，包括内部权责、相互制约等内容。[①] 检察权运行机制改革的核心和基础都应当是完善检察官办案责任制，突出检察官在司法办案中的主体地位。[②] 办案机制和方式反映的就是检察权的运行机制和方式，两者之间互为表里、一体两面，只是表述不同罢了。例如，检察官作为办案主体实际上就是检察权运行的主体、检察官独立化的办案机制实际上就是检察权运行的实现方式，上述内容具有本质一致性，以至于很多学者将检察官办案责任制等同于检察权运行机制。

二是检察官办案责任制与检察权运行机制存在一定的差异。首先，两者的追求目标不同。检察官办案责任制改革旨在解决“谁决定谁负责、谁裁判谁负责”的责任承担问题，而检察权运行机制则旨在追求检察权依法独立行使。其次，两者的内容不同[③]。检察官办案责任制关涉的内

① 例如，中央司法体制改革领导小组办公室负责人在介绍《关于司法体制改革试点若干问题的框架意见》时，将司法责任制作为实现权责明晰、权责统一、管理有序的司法权力运行机制的重要组成部分。

② 最高人民检察院司法体制改革领导小组办公室：《人民检察院司法责任制学习资料》，中国检察出版社 2015 年版，第 27 页。

③ 检察权的运行是一个系统工程，既包括纵向运行也包括横向运行。纵向运行是指整个检察系统上下级检察院之间的检察权运行机制，主体是上下级检察院，主要涉及上下级之间的领导体制、上下级之间的职责分工以及上下级资源的优化和整合等问题；横向运行则是指同一检察院内部的运行，包括检察长、检察官、检察委员会等主体在运行中的地位和作用。参见吕涛、朱会民：“检察权运行机制的基本要素探析”，载《人民检察》2012 年第 3 期，第 13-14 页。

容，不仅包括检察权的内部微观运行，还包括检察权在检察机关的内部配置[①]、监督及保障等内容。检察权运行机制是推动或者影响检察权运行的各主体相互联系相互作用的模式。检察权运行机制是检察权的运行轨迹，动态化的表现形态。[②] 此外，检察官办案责任制主要关涉检察权之中的业务性决策权力的运行，而不包括检察官内部行政管理权的内容。

二、检察权运行机制与检察官办案责任制改革的关系

一是检察权运行机制是检察官办案责任制改革的逻辑起点。因为检察官办案责任制改革的起源、重点，目的都在于检察权。检察官办案责任制改革试点方案以保障检察机关依法独立公正行使检察权为目标。[③] 检察官办案责任制改革是“健全检察权运行机制”[④]，完善主审法官、合议庭、主任检察官、主办侦查员办案责任制，落实谁办案谁负责，优化司法职权配置。[⑤] 完善人民检察院司法责任制的目标，构建公正高效的检察权运行机制和公平合理的司法责任认定、追究机制，做到谁办案谁负责、谁决定谁负责。[⑥]

二是检察权运行机制是检察官办案责任制改革的实践归属。检察官办案责任制改革，本质是检察权内部运行机制的改革，其本身并无单独的意义和价值，而是为了提升检察权运行的效果。当前，检察权运行中存在办案主体不明、办案环节繁多、办案方式行政化、办案效率低下、办案权责

---

① 例如，在《中共中央关于全面推进依法治国若干重大问题的决定》（2014）中，将“完善检察官办案责任制，落实谁办案谁负责”作为优化司法职权配置的一部分。

② 张智辉主编：《检察权优化配置研究》，中国检察出版社 2014 年版，第 381 页。

③ 2013 年中央政法委第五次全体会议和第十二届最高人民检察院党组第 28 次会议审议通过了《检察官办案责任制改革试点方案》。

④ 《关于深化检察改革的意见（2013—2017 年工作规划）》（2015 年修订版）

⑤ 参见《中共中央关于全面推进依法治国若干重大问题的决定》。

⑥ 参见《关于完善人民检察院司法责任制的若干意见》。

不清、办案公正有限等诸多弊端[①]。通过检察官办案责任制改革，就是要明确检察官的办案主体地位，减少办案中间环节，改革办案行政方式、满足案多人少需求、提高办案效率、提升检察办案公信力。同时，由于检察权作为公权力的一种也要遵循权责一致的现代法治社会权力运行原则，通过检察官权、责、利一致性改革，实现“谁决定谁负责，谁办案谁负责”，防止检察权被滥用而异化为侵害民权的强权。

三是检察权运行机制是检察官办案责任制改革的制度载体。首先，检察官办案责任制改革有助于明确检察权运行主体。根据我国《宪法》第131条规定，人民检察院依照法律规定独立行使检察权，不受行政机关、社会团体和个人的干涉。《人民检察院组织法》第9条规定，人民检察院依照法律规定独立行使检察权，不受其他行政机关、团体和个人的干涉。同时，根据《刑事诉讼法》《行政诉讼法》《民事诉讼法》的规定，我国检察权的承载主体是各级人民检察院，各级人民检察院检察长统一领导本院检察工作。这就是说，我国检察权的行使主体是人民检察院这一机关而非检察官个人。尽管有学者从《宪法》解释的角度对此进行了修正，认为上述规定蕴含着检察官独立行使职权的内在要求，并且《检察官法》第2条也规定，检察官是依法行使国家检察权的检察人员，包括最高人民检察院、地方各级人民检察院和军事检察院等专门人民检察院的检察长、副检察长、检察委员会委员和检察员。然而，仅仅《检察官法》的规定尚且不够，正如有学者所言，上述规定并非源自立法技术，而是与司法理念和司法体制大有关系。[②] 检察官办案责任制改革重申了检察权的运行主体即检察官，无论是主诉检察官办案责任制改革还是主办检察官办案责任

---

① 当然，也有少数学者通过对三级审批制的运行考察，发现部门负责人与副检察长对承办人意见的否定比例较低，认为三级审批制没有完全按照行政层级运行，并没有从根本上否定检察官的案件决定权。参见陈建华、董邦俊：“试论检察官办案责任制的运行现状及其改革方向——从H省B市检察院‘三级审批制’运行情况切入”，载《湖北师范学院学报（哲学社会科学版）》2016年第2期，第77页。

② 谢鹏程：“检察官办案责任制改革的三个问题”，载《国家检察官学院学报》2014年第6期，第15页。

制改革，都重在突出检察官的办案主体地位，即检察权微观运行主体地位。如此改革将与域外普遍立法例进行衔接，并且随之不断深入必将带来理念和制度的重大影响。其次，检察官办案责任制改革有助于厘清检察权运行边界。在检察机关内部，检察长、副检察长、检察委员会、检察官，甚至内设机构负责人都享有一定的检察权。由于检察权内容的多样性，包括侦查、批捕、公诉、监督等诸多权力，这些权力的性质虽然同属法律监督，但是权力属性却并不一致，各有特色，其行使需要并且应当遵循不同的内部配置要求，否则可能会出现越俎代庖或消极怠工。无论是主诉检察官改革还是主办检察官改革，都是对检察权内部配置的优化和重构，旨在通过科学划分职责权限，进而优化检察权的内部配置，实现检察权内部配置的合理化和科学化。检察官办案责任制改革就是要重新配置检察长与检察官之间的权责关系，通过权力清单的模式，划分不同层级、不同部门、不同业务检察官的职权和责任，进而优化检察权的内部配置，厘清检察权运行的边界。

第三节　检察官办案责任制的主要内容

检察官办案责任制的内容是检察官办案责任制研究的重点，也是确定检察官办案责任制的研究范围。在关于检察官办案责任制研究的文献中，很多学者都从某一方面进行了研究和探讨[①]，尚未进行深入系统解读。为确保研究的规范性和权威性，关于检察官办案责任制内容的确定主要基于中央改革文件以及最高人民检察院出台的关于人民检察院司法责任制改革意见。从上述规范性文件来看，关于检察官办案责任制的内容是不断动态发展的。

---

① 有学者认为，司法责任制主要内容包括司法权运行机制的改革、司法人员依法履职的职业保障、司法人员职责和权限的明确、司法人员责任追究机制四个方面。参见王迎龙："司法责任制理论问题探析——基于'两高'关于完善司法责任制的两份意见，"载《社会科学家》2016 年第 6 期，第 129 页。

根据中央全面深化改革领导小组第三次会议审议通过的《关于司法体制改革试点若干问题的框架意见》，检察官办案责任制改革的内容主要是检察权运行机制这一宏观性目标。而时任最高人民检察院检察长曹建明在2015年7月召开的全国大检察官研讨班上的讲话，则将检察官办案责任制内容从检察权运行机制拓展到干部人事制度、检察业务工作流程、检察权内部配置和监督制约、检察官职务保障等体制和机制问题。[①] 具体分为检察机关办案主体的职责权限、司法责任体系、检察权运行机制和司法责任认定、追究机制。[②] 直到2015年9月，最高人民检察院出台了《关于完善人民检察院司法责任制的若干意见》，将检察官办案责任制改革归结为由办案组织、运行机制、监督机制、责任机制和保障机制五个方面组成的系统。其中，办案组织是逻辑前提，旨在确定办案主体；运行机制是核心所在，旨在保障检察权运行机制的高效有序；监督机制是逻辑延伸，是权力监督制约原理的重要体现；责任机制是有效制约，确保“谁办案谁负责，谁决定谁负责”的改革目标实现；保障机制是有力支撑，确保改革取得预期成效。上述五大机制相互依靠，相互配合，共同组成检察官办案责任制改革的整体系统。

一、办案组织

办案组织（办案主体）是检察官办案责任制的逻辑起点，也是检察权运行的基本组织形式，是明确由谁办案、由谁决定的基础。办案组织所解决的并非具体案件由谁承办或者办理的问题，而是关涉检察权的运行组织问题，即在检察机关内部检察官以何种组织形式办理案件。在我国，根据《宪法》规定，各级人民检察院是检察权的法定行使主体，三大诉讼法都将人民检察院作为诉讼职权的行使主体予以了明确。而《检察官法》

① 谢鹏程：“关于检察官办案责任制的综合研究报告”，载《诉讼法修改与检察制度的发展完善——第三届中国检察基础理论论坛文集》2013年。

② 曹建明：“知难而进　攻坚克难　推动司法责任制改革全面开展”，载《人民日报》2016年7月20日，第9版。

则规定检察官是依法行使检察权的检察人员。此外，《人民检察院组织法》又将检察委员会作为处理重大案件和事项的主体予以规定。根据《人民检察院组织法》第 3 条第 2 款规定，“各级人民检察院设立检察委员会。检察委员会实行民主集中制，在检察长的主持下，讨论决定重大案件和其他重大问题”。由此决定了检察委员会作为办案组织的地位。然而，此项规定仅仅对检察委员会的功能和性质进行了明确，并且由于在司法实践中，大部分案件并非由检察委员会决定或讨论，所以该条规定对于检察办案组织的认识较为有限。虽然第十三次全国检察工作会议上就提出了完善办案组织的任务，但却一直没有推进。上述法律规定，导致检察官办案责任制中的办案组织问题变得模糊和多变，并形成了理论争议[①]，主要可分为办案组织的一元化、两元化和多元化。

所谓办案组织的一元化，即将检察官作为检察权的运行主体，认为检察官系当然且唯一的办案组织，检察官行使检察权并承担办案责任[②]。关于两元化的办案主体模式在内容上并非一致，基于视角的不同，可分为“检察长—检察委员会”两元主体和“检察官—协同办案组”两元主体。持“检察长—检察委员会”两元办案主体观点的学者认为，从我国检察机关的内部决策方式来看，主要包括各级人民检察院检察长决策和检察委员会决策，所以办案主体也就是检察长和检察委员会。[③] 而龙宗智教授通过对域外的考察，认为检察机关办案一般采取独任检察官和协同办案两种模式[④]，此种观点已被司法实务部门所采纳。[⑤] 多元化办案主体理论认为，

---

① 陈卫东、陆而启：“检察官的角色——从组织法和诉讼法角度分析”，载《法学论坛》2005 年第 4 期，第 34 页。

② 陈卫东、李训虎：“检察一体与检察官独立”，载《法学研究》2006 年第 1 期，第 53 页。

③ 冯中华：《检察管理论》，中国检察出版社 2010 年版，第 251 页。

④ 龙宗智：“检察官办案责任制相关问题研究”，载《中国法学》2015 年第 1 期，第 84 页。

⑤ 《关于完善人民检察院司法责任制的若干意见》（2015）第 4 条规定，“根据履行职能需要、案件类型及复杂难易程度，实行独任检察官或检察官办案组的办案组织形式”。

我国检察权的外部代表主体是检察院这一整体，而在内部则是由检察官、检察长、检察委员会等诸多主体共同行使，他们具备办案主体资格，承担办案职责。除此之外，还有学者采取了折中观点，即在承认检察院作为检察权运行主体地位的同时，仍然肯定检察官的办案职权，并可以根据其权力属性、案件不同情况及不同办案环节的复杂程度进行具体配置，可以配置给检察官，也可以配置给部门。[①] 上述多样化的理论探讨，有助于我们深入认识检察机关的办案主体范围和要求，但同时也存在概念比较错误、划分标准不一等诸多问题。

一是将检察权外部运行主体等同于办案主体。检察权的外部运行是检察权的动态表现以及具体行使过程，包括宏观和微观两个方面。人民检察院作为检察权的运行主体，表明了检察权的集体性、整体性、集中性运行特征，但并不能因为诉讼法的规定，就将人民检察院这一整体作为具体的办案主体。因为检察权的运行主体规定主要解决的是检察权的外部归属问题，而非检察权的内部承载问题，在内部，检察权则由检察官具体行使。同时，办案主体是在检察权运行主体基础上具体履行检察职权，也就是说，办案主体首先且必须是检察权的运行主体。其次，再根据法律规定或案件情况组成固定或者松散的组织，这是检察权运行主体的办案表现方式。

二是将检察权决策主体等同于办案主体。在检察机关内部，根据决策方式的不同，分为检察长决策机制和检察委员会决策机制，这是检察长负责制和民主集中制原则在我国的具体体现。然而，据此将检察长和检察委员会作为办案主体地位，并不妥当。首先，检察权运行的决策主体只是检察权基于一体化原则在检察机关内部的权力分配，无论是检察长还是检察委员会只是一种法律职务，而非办案资格，他们不仅要履行办案职能，还要履行一定的行政管理职能。其次，将检察长和检察委员会作为办案主体

---

① 万春："主任检察官办案责任制三人谈"，载《国家检察官学院学报》2014年第6期，第3页。

并不符合司法实践的情况。在检察机关内部，大量的案件被检察官所办理，而非检察长和检察委员会。再次，将检察长和检察委员会作为办案主体也不符合司法的直接性、亲历性和独立性要求。

三是将检察权配置主体等同于办案主体。将检察官与检察官协同办案组作为办案主体，同样也具有一定的偏颇性。因为在我国，除检察官、检察官办案组之外，地方各级检察机关的检察委员会对于本院重大、疑难、复杂案件也在履行办案职能，并且这种职能和办案形式是法定的、程序化的。如果仅仅将检察官、检察官协同办案组列为办案主体，忽视检察官办案委员会的办案主体事实地位，则面临现实虚无主义状态，也不利于在不同办案主体之间权限和职责的配备。

综上所述，笔者认为，我国检察机关的办案主体包括检察权内部运行主体的基础检察官，以及法定办案主体检察委员会和固定办案组织检察官办案组三种，它们作为办案组织的不同层级而存在，至于检察长、副检察长、内设机构负责人等则是以检察官身份单独办理案件或者参加法定或固定办案组织的形式成为办案主体。

二、运行机制

运行机制是检察官办案责任制的核心，既是检察官执法办案的依据，又是划定各类办案主体权限范围与责任认定的准据。检察官办案责任制的运行机制，是指办案主体履行不同性质检察权职责时的职权配置和运行关系。根据《刑事诉讼法》第3条规定，对刑事案件的侦查、拘留、执行逮捕、预审，由公安机关负责。检察、批准逮捕、检察机关直接受理的案件的侦查、提起公诉，由人民检察院负责。审判由人民法院负责。上述条款赋予了检察机关在刑事诉讼中具有的四项主要权能，即检察、批准逮捕、侦查和公诉。[①] 根据《民事诉讼法》第14条规定，“人民检察院有权

---

① 有学者归纳为侦查、公诉和诉讼监督。参见卞建林：“刑事诉讼制度改革与检察权的配置”，载《国家检察官学院学报》2008年第4期，第78页。

对民事诉讼实行法律监督”。其中，民事诉讼检察监督的主要方式则是抗诉和检察建议。根据《行政诉讼法》第101条规定，“人民检察院对行政案件受理、审理、裁判、执行的监督，本法没有规定的，适用《中华人民共和国民事诉讼法》的相关规定”。

然而，除“检察”职能外，其他四项权能较为清晰。何为“检察”，学界存在较大争议，有学者认为，检察是指除批准逮捕、侦查、提起公诉之外的检察机关参与刑事诉讼的活动。[①] 还有学者认为，“检察”是一个不确定的法律概念，[②] 既可以指除批准逮捕、侦查、提起公诉之外的其他职权，也可以泛指检察机关在刑事诉讼中的一切职权，还可以与法律监督职权相一致。[③] 也有学者认为，检察权从整体上包括侦查权、公诉权和诉讼监督权三大类。[④]

对于上述学者的解释，笔者认为不能成立。首先，对法律解释是一种严格的解释活动，需要遵循法律解释的基本原则和要求，不能恣意，从而确保解释的明确性。不可否认，“检察”概念本身具有多意性和丰富性，但是对其进行解释，应当置于刑事诉讼法律规范中，而不能超越规范进行无规矩解释。其次，对“检察”一词概念的解释需要遵循法律一致性原则，[⑤] 即在本法律规范内没有明确含义的，可以通过其他法律用语的界定，进行体系解释。因此，根据《检察官法》和《人民检察院组织法》的规定，《刑事诉讼法》第3条中的“检察”，是指除公诉、侦查、批准

① 陈光中、严端主编：《中华人民共和国刑事诉讼法释义与应用》，吉林人民出版社1996年版，第6页。

② 我国学者对检察权和法律监督权的概念、定义及区别倾注了大量精力，进行了过度解读，争论不止，没有共识而言。然而，从发展来看，这些名词与概念，对于检察机关权力运行的改善基本没有任何影响。正如经济学家所批评的那样，只会“造词”，说明研究的肤浅。参见吴敬琏：“只会‘造词’，中国经济研究太肤浅”，载《中国新闻周刊》2016年10月14日。

③ 卞建林、许慧君：“论刑事诉讼中检察机关的职权配置”，载《中国刑事法杂志》2015年第1期，第12页。

④ 朱孝清、张智辉主编：《检察学》，中国检察出版社2010年版，第320页。

⑤ 张文显主编：《法理学》，高等教育出版社2004年版，第56页。

逮捕职权外的其他诉讼监督权。当然，公诉、侦查、批准逮捕都属于《宪法》意义上的法律监督权。

法律监督就是根据法律的授权，运用法律规定的手段，对法律实施的情况进行的具有法律效力的监督。[①] 法律监督是从其政治性质上进行界定，具有唯一性，检察权则是法律监督权的形式，是法律监督权在法律规范层面上的具体表现，具有多样性和稳定性，[②] 可分为检察办案权、检察人事权和检察事务权。其中，检察办案权是中心和根本，检察人事权和检察事务权是为检察办案权的依法行使服务的。[③] 检察职权则是构成检察权的基本单元，随着立法的调整，具体检察职权将会不断发生调整。[④] 据此，根据检察权的权力法定原则要求，将检察办案权分为公诉权、侦查权、诉讼监督权、批准逮捕权四类。[⑤] 检察官办案责任制的运行机制，是指检察官、检察官办案组和检察委员会等办案主体，在检察长负责制和民主集中制原则下，履行公诉权、侦查权、诉讼监督权和批准逮捕权等活动中所形成的运行机制和权力配置。

由于上述四类检察权属性不一，所以检察办案主体的权力配置和运行关系就有所区别，适应不同权力属性的特征和要求，但仍然要遵循检察长负责制和民主集中制原则，确保检察权独立公正依法行使。

三、监督机制

监督机制是检察官办案责任制的逻辑延伸，是确保检察官履行职权正

---

① 张智辉：《检察权研究》，中国检察出版社 2008 年版，第 71 页。

② 刘莉芬："论我国检察权配置的现状与优化构想"，载《中国刑事法杂志》2011 年第 8 期，第 11 页。

③ 向泽选："检察权的宏观运行机制研究"，载《人民检察》2012 年第 1 期，第 21 页。

④ 目前赋予检察机关职权的法律共 13 部，涉及检察机关职权的行政法规共 11 部。对照法律，主要职权共 11 项。

⑤ 也有学者将此分为检察侦查权、侦查监督权、公诉权、民行监督权和执行监督权五类。参见谢佑平：《中国检察监督的政治性与司法性研究》，中国检察出版社 2010 年版，第 332 页。

当性的依据所在，也是权力运行规律的基本要求。虽然检察官办案责任制中有关办案主体呈多元化，但是检察官作为检察权内部运行的承载主体，其居于基础性地位。对其办案行为进行监督，也具有可行性和统括性。当前，对于检察官的监督机制呈现多样化，根据监督的性质不同，对检察官的监督包括在履行检察职权过程中具体的权力监督，也包括日常履职过程中的权利监督。权利监督则主要基于公众知情权而对检察官办案行为的监督。权力监督主要基于权力制约原理而形成的监督机制，是公权力机关对检察官办案履职行为的监督，又可分为内部权力监督和外部权力监督。① 其中，内部权力监督主要是指检察机关内部机制的监督，包括检察权运行起点上的案件分配机制、运行过程中的动态监督机制、运行终结的办案质量评价机制等内容。外部权力监督则可分为执政党监督、人大监督等。从监督的效力来看，可分为职业伦理层面的监督、职业纪律层面的监督和职业法律层面的监督。从监督的事项来看，可分为风纪监督和业务监督，其中风纪监督是指对检察官是否遵循纪律作风情况进行的监督，业务监督则是对其履行检察权的过程和结果进行的监督。②

四、责任机制

责任机制是检察官办案责任制获得切实履行的重要保障，是确保检察官客观公正履职的关键。责任机制从古代不问主观心态的结果责任，到现代的过错责任以及豁免责任，体现了人类对司法规律认识的深化和司法的文明进步。③ 当前，责任机制设定已经从是否具有正当化到如何具体设定的问题④，这就意味着责任机制的目的不在于如何全面地追究检察官的责

---

① 吴建雄：“检察权运行机制研究”，载《法学评论》2009 年第 2 期，第 99 页。

② 杨征军、蒋家棣：“检察机关内部监督机制优化整合研究——检察官办案责任制改革背景下的思考”，载《人民检察》2015 年第 21 期，第 37 页。

③ 朱孝清：“错案责任追究的是致错的故意或重大过失行为——再论错案责任”，载《人民检察》2015 年第 21 期，第 5 页。

④ 沈杨、殷勤：“实施错案‘终身追责’应注意区隔‘责任豁免’”，载《人民法院报》2015 年 4 月 1 日，第 8 版。

任，而是为检察官履职设定了责任追究的范围。也就是说，只有在此范围内，遵循法定的程序才可以追究检察官的办案责任，否则不能予以追究。该制度设置的原则是以承认检察官办案责任豁免制度为前提的。

就检察官的办案而言，应当以充分责任豁免为原则，以责任追究为例外。因为只有当检察官非因法定事由并经法定程序不受非法责任追究，检察官才能独立公正地履行法定职责。否则，客观公正的检察官义务就会成为空中楼阁。在此原则基础上，探讨检察官责任追究才成为可能。从检察官办案责任制改革的目的上看，在于解决办案责任承担主体不明、办案责任认定不清、责任设定恣意、责任追究程序内部性，进而实现“谁决定谁负责，谁办案谁负责”，有利于增强检察办案人员责任心、提高办案质量，彰显社会公平正义。

检察官办案责任机制包括责任主体、责任内容、责任认定和责任追究四个方面。其中，责任主体是办案责任的具体担负者，也是责任追究的逻辑起点。根据责权利相一致原则，检察官办案责任主体对应于办案主体，包括检察官、检察官办案组和检察委员会。然而，并非对所有的办案行为进行追责就可以实现威慑功能，正如有学者所言：“行为原因的控制性影响到行为责任的推断，如果个人具有责任，那么其行为的起因必须是可以控制的。”① 也就是说，人们只应当对于自身可以控制的原因进行负责，并且也只有这种负责才会具有预防的意义。对于那些因为无法控制的原因而导致的错案，譬如司法认识水平限制等因素，不能对其进行责难和追责，而应当实行司法豁免。因此，在责任主体的设置上应当具体落实到个人，即只有个人负责制才能实现责任设定的目的和功能。在责任内容上具有多样性，根据不同的标准，责任内容可分为不同的种类。依据责任评价的性质可分为行为责任和结果责任。行为责任针对检察官的办案行为过程而设置，结果责任则针对办案结果而设定。根据责任的主观程度可分为故

① 张玉洁：“错案追究终身制的发展难题——制度缺陷、逆向刺激与实用主义重构”，载《北方法学》2014 年第 5 期，第 153-154 页。

意责任、重大过失责任和监督管理责任。根据责任的种类可分为组织责任、纪律责任和刑事责任。

五、保障机制

检察官职业保障是指为了保障检察官依法公正地履行职责而设定的关于检察官行使职权、检察官身份、工资保险福利、人身财产、退休等方面的保障制度。保障机制是检察官办案责任制实现的保证，关系检察官办案责任制改革的成败，是检察官办案责任制落实效果的基础性影响因素。从检察官办案责任制的改革历史来看，公正和效率是其主要价值抉择，然而，如果没有充分的制度保障，则很难激发检察官办案履职的积极性，也就无法实现检察官办案责任制改革的目的。根据《保护司法人员依法履行法定职责规定》，从独立办案、任职保障、权利救济、人身安全、休假健康保障等方面建立健全检察人员依法履职保护机制。根据性质的不同，检察官办案责任制中的保障机制可分为身份保障、行为保障和待遇保障三个方面。其中，身份保障是指检察官的任职条件、资格要求等内容。行为保障主要是指检察官履职过程不受非法干预和惩处，同时对于其业绩进行科学评价。待遇保障主要是指检察官的工资待遇及其他社会保障机制。

第四节　检察官办案责任制的历史流变

一、主诉检察官办案责任制

（一）主诉检察官办案责任制的产生背景

根据我国《宪法》和《人民检察院组织法》规定，我国检察权的承载主体是各级人民检察院，各级人民检察院检察长统一领导本院检察工作。然而，法律就此只规定了检察权行使的外部主体，而对内部运行主体并没有作出任何规定。1979 年我国第一部《刑事诉讼法》颁布实施，从程序法上明确了检察权的行使主体：刑事案件的批准逮捕和检察（包括侦查)、提起公诉，由人民检察院负责。同时，该法也规定了检察业务的决策主体，即各级人民检察院检察长和检察委员会。[①] 1995年，旨在保障检察官依法履行职责的《检察官法》颁布实施。根据该法规定，检察官是行使检察权的主体，其履行检察职责应受法律保护。不过，由于在刑事诉讼法中并未对检察官履行职权和程序进行规定，所以该规定并无操作可能，而仅具有宣示价值。基于当时国家机关普遍的行政化倾向，在检察机关内部形成了“检察人员承办→部门负责人审批→检察长或者检察委员会决定”的“三级审批”办案机制。这种办案模式根据检察一体化原则，从而将检察事务的决定权集中于检察长，具有典型的行政化特征。[②] 但是，该机制在当时对于强化内部监督、统一办案标准和预防司法腐败发挥了重要作用，具有历史意义。随着市场经济的发展，传统社会治理机制凸显不足，我国的犯罪总数迅速上升，大量的刑事案件涌入了检察机关。与此同时，1996年《刑事诉讼法》修改突出了对抗制倾向，使法庭审判中控辩对抗性增强，客观需要赋予公诉部门检察官一定的裁量权和灵活性。在此背景下，最高人民检察院先后在上海、北京、广州、深圳等地检察机关审查起诉部门开展了主诉检察官办案责任制改革。

（二）主诉检察官办案责任制的主要内容

所谓主诉检察官办案责任制，是指在检察长的领导下，在审查起诉部

① 例如，1979年《刑事诉讼法》第46条规定：“人民检察院审查批准逮捕人犯由检察长决定。重大案件应当提交检察委员会讨论决定。”第38条规定：“人民法院、人民检察院和公安机关根据案件情况，对被告人可以拘传、取保候审或者监视居住。”第45条规定：“公安机关要求逮捕人犯的时候，应当写出提请批准逮捕书，连同案卷材料、证据，一并移送同级人民检察院审查批准。”第77条规定：“人民检察院审查案件时，对公安机关的勘验、检查，认为需要复验、复查时，可以要求公安机关复验、复查，并且可以派检察人员参加。”第86条规定：“侦查人员认为需要扣押被告人的邮件、电报的时候，经公安机关或者人民检察院批准，即可通知邮电机关将有关的邮件、电报检交扣押。”

② 龙宗智：“检察机关办案方式的适度司法化改革”，载《法学研究》2013年第1期，第169页。

门实行以主诉检察官为主要负责人的检察官办案制度。1999 年，全国检察长会议后，主诉检察官办案责任制开始在各地进行试点改革，并于 2000 年将主诉检察官制度正式写入了《检察改革三年实施意见》（以下简称《实施意见》），最高人民检察院要求全国各级检察机关审查起诉部门全面推行主诉检察官办案责任制，其他各业务部门也要结合本部门的职责和具体情况，逐步实行符合本部门业务工作特点的主诉、主办检察官办案责任制，[①] 为落实《实施意见》，同年，最高人民检察院办公厅下发了《关于在审查起诉部门全面推行主诉检察官办案责任制的工作方案》，由此，主诉检察官办案责任制在全国建立。根据该方案要求，主诉检察官办案责任制改革的目的在于建立责任明确、高效廉洁、符合诉讼规律的办案责任制，具体包括主诉检察官的组织形式、主诉检察官的选任、主诉检察官的职责、主诉检察官的考核以及主诉检察官与其他人员的关系等五个方面的内容。

（三）主诉检察官办案责任制改革评析

从主诉检察官办案责任制的改革内容上看，该方案几乎囊括了主诉检察官的条件、选任、职责、管理、考核、奖惩、监督及工作机制等一整套工作机制，并且具体详细，可操作性强。主诉检察官制度对于提升公诉队伍能力，优化案件的审批程序，激发主诉检察官的办案积极性[②]，提高工作效率和办案质量具有重要意义。[③]。然而，从其本质上看，此项改革只是公诉权在检察机关内部的自我微调：将检察长、科处长和检察官之间的诉讼权力重新配置，而配置的方向则是检察长、科处长对检察官的“放

① 为推动检察改革，确保依法独立公正行使检察权，最高人民检察院于 2000 年下发了《检察改革三年实施意见》（2000—2002），该意见对全国检察改革具有重要指导意义。

② 龙宗智：“试论检察官的定位——兼评主诉检察官制度”，载《人民检察》1999 年第 7 期，第 63 页。

③ 林世钰：“主诉检察官制度仍然具有重要意义”，载《检察日报》2008 年 8 月 13 日，第 1 版。

权”行为，将过去完全属于检察长和科处长批准权的一部分授权给主诉检察官。在司法实践中，一方面要强调主诉检察官的独立；另一方面又要将其置于检察长、检委会的管理监督下，以至于主诉检察官常常名不副实。① 加之主诉检察官改革受制于法律规定不明、配套机制欠缺、人事制度支撑不足等客观原因，改革不仅没有达到预期效果，反而常常被虚置②。当然，最为根本的原因则在于主诉检察官没有取得诉讼法上相对独立地位，以至于主诉检察官制度走向了困境，最终名存实亡③。

二、主办检察官办案责任制

（一）主办检察官责任制产生背景

主办检察官责任制系主诉检察官办案责任制全面推广之后，检察机关在其他检察业务部门进行探索的办案责任制改革，其目的在于形成权责统一、监督有力的检察官办案制度，提高办案质量和效率。④ 然而，主办检察官责任制与主诉检察官责任制并不一致，这种区别不仅表现在两者适用的检察业务类型不同，如主诉检察官责任制主要适用公诉部门，而主办检察官责任制则是其他检察业务部门。此外，两者也是不同的办案主体，主诉检察官责任制以主诉检察官个人为基本办案单元，从根本上讲是独任制的。而主办检察官办案责任制则是以主办检察官领导下的办案组织为基本办案单元，从根本上讲是协作制。此外，最高人民检察院并未对主办检察官办案责任制形成统一规定和认识，所以，有关主办检察官责任制改革主要散见于各地的改革试点中。

① 陈丹、路红青：“主诉检察官制——司法独立的另一种诠释”，载《国家检察官学院学报》2002 年第 5 期，第 113 页。

② 笔者在中国知网以“主诉检察官”为关键词进行检索，发现有关主诉检察官制度的研究主要集中在 2000 年前后，之后的文献资料大幅度减少。

③ 邓思清：“主诉（办）检察官制度改革回顾及启示”，载《人民检察》2013 年第 14 期，第 29 页。

④ 《最高人民检察院工作报告》（2001）。

（二）主办检察官责任制改革试点

在首都北京，检察机关在职务犯罪侦查部门推广试行主办检察官办案责任制，主要内容是：在检察长、职务犯罪侦查部门负责人的领导下，以一名主办检察官为主要负责人，若干名办案人员组成办案单位，相对独立的查办贪污贿赂案件。①

在广东广州，白云区人民检察院于1999年制定了《白云区检察院主办侦查员责任制试行办法》，明确主办侦查员的选拔、责任、权限、待遇和监督管理等内容。其主要内容包括在反贪部门成立以主办侦查员为中心的办案组，主办侦查员可根据检察长的授权，独立行使部分职权，对其承办案件的事实和证据负责，并在其职权范围内对审批签发的文书和决定负责。②

在河北唐山，唐山市人民检察院专门出台了《关于实行主办检察官责任制的暂行规定》，其目的在于明确执法责任，防止及减少执法过错和错案发生。其主要内容包括主办检察官的选任、适用范围、职责、权利及义务等内容。根据该规定，唐山市人民检察院主办检察官由检察长、副检察长或部门负责人随案指定，并实行一案一人，可适用于反贪污贿赂、审查批捕、民行检察、控告申诉等部门。主办检察官主要是主办或组织指挥协办人员查办案件。③

在湖北，湖北省人民检察院印发了《关于开展主办检察官办案责任制试点工作的实施方案》，在全省59个检察院的职务犯罪侦查、审查批捕、公诉、民事诉讼监督等部门进行改革试点。主要内容如下：一是将主办检察官定位为一种执法岗位，他是经检察长授权，享有一定范围的办案

---

① 北京市人民检察院："北京检察机关试行主办检察官办案责任制"，载《领导决策信息》2000年第17期，第24页。

② 朱香山、刘洁辉："广州白云区检察院试行主办侦查员办案责任制"，载《人民之声》2000年第7期，第17页。

③ 唐山市人民检察院："关于实行主办检察官责任制的暂行规定"，载《检察实践》1999第2期，第51页。

决定权并承担相应责任的检察官。二是围绕主办检察官组建主办检察官办案组，作为基本办案组织，主办检察官在其中承担组织、主持工作。三是主办检察官实行选任制，由省人民检察院统一发证确认。四是主办检察官工作职责，依案件性质、涉及权力分别配置，主要负责非终局性、事务性工作。五是规范内部审批，厘清主办检察官与内设机构负责人之间的关系，将其主要定位为内部行政管理人员。①

在河南郑州，金水区人民检察院试行主办检察官责任制，主要是适应案件多、人员少的工作特点。在该院，通过选拔产生主办检察官，并由主办检察官聘请部分人员组成办案组，以小组制方式进行办案。在职权上，赋予主办检察官一定的案件决定权，主办检察官直接对案件负责。在与部门负责人的关系上，行政上接受其领导，业务上接受其监督，进而增强了办案责任心，提高了办案效率。②

（三）主办检察官责任制改革评析

当然，除了上述改革试点外，还有其他地区检察机关也进行了相应改革。然而，根据最高人民检察院颁布的《实施意见》，要求在全国范围内全面建立主办检察官责任制，但是主办检察官责任制改革始终处于探索状态，尚未形成统一的主办检察官的制度成果。通过对上述改革试点的分析可知，有关主办检察官办案责任制在认识上并不统一，如绝大多数试点检察机关将主办检察官责任制适用范围限制于自侦部门，而部分则扩展到除公诉部门外的全部业务部门。此外，在主办检察官的定位上，有的是作为一种固定的执法资格，通过选拔而产生，有的则只是一种临时授权，基于上级领导指定而产生。同时，主办检察官责任制改革都是检察机关自身内部职权的再分配过程，主要基于效率取向，缺乏相关配额机制的支撑，以至于试点改革的范围愈加有限，进而走向消亡。当然，除此之外也有学者

① 匡茂华：“主办检察官办案责任制试点探索”载《人民检察》2013年第22期，第48页。

② 杨颖、罗至晔：“主办检察官办案责任制的实践与做法”，载《郑州日报》2010年11月19日，第15版。

从整体上对主诉检察官改革进行研究，认为这次改革失败的原因是我国政策实施型司法模式所限制。[①]

三、主任检察官责任制改革

（一）主任检察官改革试点概况

2013 年年底，最高人民检察院重启了检察官办案责任制改革，与主诉检察官类似的主任检察官制度被提上了日程。[②] 主任检察官责任制改革旨在突出检察官办案主体地位，它以建立权责明确、协作紧密、制约有力、运行高效的办案组织模式为基础，以落实和强化检察官执法责任为重点，试图通过科学划分检察机关内部执法办案权限，建立健全检察机关执法办案组织，改革完善检察机关执法办案责任体系，形成符合检察工作规律、检察职业特点、检察队伍管理和法律监督运行要求的组织结构、责任体制和运行机制。主要内容包括：一是配备主任检察官。明确主任检察官的选任条件、配备范围数量和任免程序。二是建立办案组织。以主任检察官为基数，配备其他检察官和辅助人员若干名，组成办案组织。三是确定主任检察官职责权限。除法律规定必须由检察长或检委会行使的职权外，其他案件处理决定可以由主任检察官负责的办案组织独立作出。四是完善监督制约机制，加强检察长、检委会对执法办案活动的领导和监督。五是落实主任检察官待遇。主任检察官享受本院内设部门正副职领导待遇。

根据最高人民检察院的部署，此次改革试点在全国 7 省（市）17 个

---

① 杜磊："检察官办案责任制改革探索"，载《环球法律评论》2015 年第 3 期，第 49 页。

② 从某种程度上说，我国主任检察官办案责任制改革的思想来源是我国台湾地区的主任检察官，但又与其不同。根据台湾地区"法院组织法"第 59 条第 2 款的规定，各级法院及分院检察署检察官员额在六人以上者，得分组办事，每组以一人为主任检察官，监督各组事务。也就是说，主任检察官的设置，主要是因为检察官的员额越来越多，由检察长直接监督每个个别的检察官效率不高，所以设了中间管理层，即主任检察官。而当前大陆地区的改革则是检察长对主任检察官的授权，主任检察官行使一定的检察权，也就是说，办案主体是主任检察官。

检察院同步展开。虽然最高人民检察院制定了相关指导意见和方案，但却赋予了各地很大程度上的灵活自主权，从而形成了各具地方特色的改革模式。然而，由于员额制改革与主任检察官改革都是优中选优，因此，两者具有目标的同向性、内容的同质性以及进程的延续性。主任检察官改革所要达成的目的已经通过员额制实现。①

1. 北京昌平

作为首批改革试点院，北京市昌平区人民检察院制定了《昌平区人民检察院检察官办案责任制改革试点工作方案》。一是将工作性质类似部门进行整合，优化部门资源。昌平区人民检察院将现有的 14 个办案部门整合为侦查监督、公诉和未检、职务犯罪侦查和预防、刑事执行检察、申诉检察 5 个部门，每个办案部门只设 1 名负责人，减少办案部门行政岗位设置，对现有 12 个非办案部门则进行框架式整合，成立检察业务管理、检务保障、法警、行政管理、政治部门 5 个部门。二是在主任检察官的权力配置上采取了“权力清单”模式，即根据相应性原则，明确主任检察官的权力内容，同时也对一些重要权力实行保留原则，如重大案件审批权、案件终止决定权、关键程序批准权等权力仍由检察长和副检察长行使。根据各项检察权行使规律不同，公诉、监督、自侦部门的主任检察官授权程度依次递减。三是以主任检察官为中心设置办案组织，组建主任检察官办公室，作为基本办案组织。在实施效果上，该院自 2014 年以来监督立案、追诉漏犯、抗诉、书面监督刑事执行违法等核心指标均有较大幅度上升，其他指标持平；办案效率提升，公诉案件一退率为 17.95%，同比有所下降。② 四是落实主任检察官待遇，为改革提供职业保障。将部门整合后释放出的领导职数用于配备主任检察官并落实其待遇。在编制及人事管理方面，原有机构暂不撤销，干部职务保留，进而充分调动了主任检

① 龙宗智：“检察官办案责任制相关问题研究”，载《中国法学》2015 年第 1 期，第 84 页。

② 邹开红：“北京市昌平区人民检察院检察官办案责任制改革工作的试点情况介绍”，载《第十届国家高级检察官论坛资料》，2014 年。

察官的积极性，促进了责权利相统一。

2. 上海闵行

自2011年起，为应对高发的刑事案件，上海市闵行区人民检察院在刑事业务部门推行了主任检察官制度，先后制定了《上海市闵行区人民检察院主任检察官考核办法（试行）》《主任检察官办案责任制实施办法的补充规定》等规范性文件。主要改革内容是在原有的科（局）机构下，设置主任检察官办公室，作为基本办案组织，即实行"检察官承办→主任检察官审核→科（局）长管理→检察长审批"的办案模式。文件明确规定，主任检察官除应当带领办案组完成部门分配的办案数量外，还应根据检察长的授权，审核其他检察官承办的案件。同时，不同部门的主任检察官职权配置有所不同，如刑事检察部门的主任检察官享有对绝大多数案件的决定权，而自侦部门由于工作效率和团队合作的需要，其主任检察官的职权较少，需要报请检察长或者检察委员会决定。①

3. 重庆渝中

由于之前内设机构已经进行过整合，所以重庆市渝中区人民检察院在此次改革中保留了原有的部门设置，而将改革重点放在以下几个方面：一是实行人员分类管理，将检察人员分为检察官、检察事务官、检察行政人员三大类，从而确定主任检察官员额制。二是在职权配置上，厘定了《检察官职权》，详细列明了247项权力清单，以列举形式授权主任检察官，并且将部分终局性的案件处理权（如不批捕权和不起诉权）适当赋予检察官。三是制定了检察官办案组织岗位职责规范，明确了检察长、检委会委员等具有较高法律职务的检察官应当以亲历性方式参与一定数量的案件办理。同时，强调主任检察官在阅卷、讯问犯罪嫌疑人、法律文书审核、案件汇报、普通程序出庭等关键诉讼节点的亲历性。② 四是建立了检

---

① 谢佑平、潘祖全："主任检察官制度的探索与展望——以上海市闵行区人民检察院试点探索为例"，载《法学评论》2014年第2期，第194页。

② 夏阳："聚焦重庆主任检察官办案责任制试点"，载《第十届国家高级检察官论坛资料》，2014年。

察官晋升及监督考核机制。明确各岗位的执法标准和责任，实行奖惩制度，有效增强各序列人员的工作积极性。

4. 湖北随州

湖北省随州市人民检察院是最高人民检察院确定的改革试点之一，且市（区）县两级院同步进行。主要改革内容如下：一是整合内设机构，将原先的17个内设机构整合为7个部门。二是明确主任检察官的决定权均来源于检察长的授权，其中包括一般授权和特别授权两种形式。前者指检察长以概括授权形式，如向检察官颁发主办证书，将执法办案工作中的非终局性事项和事务性工作授权其决定；后者指在办案过程中，检察长以一案一授形式，将重大、复杂、疑难案件以外的其他案件的处理决定权授予主办检察官行使，主要包括部分案件的批准逮捕、批准延长羁押期限、一般性案件和简易程序案件决定起诉、对部分民事申诉案件决定提请抗诉等。①

5. 河北峰峰矿区

2014年，按照最高人民检察院《检察官办案责任制改革试点方案》和《检察官办案责任制改革试点实施工作指导意见》的精神，河北省邯郸市峰峰矿区人民检察院制定了《主任检察官实施方案》。根据该方案，一是取消了内设二级机构，将16个内设机构整合为一局六部，即反贪污贿赂渎职侵权局（简称反贪反渎局）、刑事诉讼检察部、刑事执行检察部、民事行政检察部、案件管理监督部、检务保障部、政治部；二是依法划分主任检察官、部门负责人、检察长及检委会在执法办案中的职责权限。法律明确规定应当由检察长、检委会行使的职权，以及检察长、检委会认为应当由其行使的职权，由检察长、检委会行使；业务部门负责人由主管副检察长兼任，主要负责案件审核、主持召开主任检察官联席会议和行政管理，也可以直接担任主任检察官承办具体案件，办理案件时与其他

---

① 郑青："湖北省主办检察官办案责任制探索"，载《国家检察官学院学报》2014年第2期，第77页。

主任检察官职权相同；主任检察官授权范围由检察长决定，除法律明确应当由检察长、检委会行使的职权外，其他经检察长授权的案件处理决定均可由主任检察官独立作出；办案组织成员受主任检察官领导，对主任检察官的指挥、决定和命令，办案组织成员必须服从。①

（二）主任检察官改革试点特征

根据最高人民检察院关于主任检察官办案责任制改革试点的要求，各地结合本地实际，纷纷出台了主任检察官实施方案，主任检察官办案责任制改革试点全面铺开。纵观这些改革内容，主要具有以下特点：一是在取消内设机构设置上，各试点单位认识并不一致。有的认为主任检察官办案责任制改革与原有的内设机构设置并无太大关系，没有取消的必要，一旦取消反而不利于检察行政管理工作的进行；也有的对改革试点工作持怀疑态度，从而保持检察权的双轨制运行，即原先的内设机构设置暂时不动，主任检察官制度同步实施；有的试点单位则完完全全地按照规定取消了内设机构，重新组建新的部门。二是在有关主任检察官的性质上，多数试点单位认为主任检察官是一级办案组织，而主任则是这一办案组织的领导者，对本办案组织内其他检察官的办案活动承担领导责任；只有个别试点单位认为主任检察官是单独的办案主体，在检察长的授权下行使职权，对其他办案检察官的职务行为只具有审核职责，不具有定案权。三是在主任检察官的职权配置上，由于各地认识不同，情况不一，尚无完全相同的职权配置模式，但是基本上都采用正面列举和检察长保留原则，即根据《刑事诉讼法》和《人民检察院刑事诉讼规则（试行）》明确规定主任检察官的职权，对于法律明确规定属于检察长和检委会职权的，则予以保留。四是在主任检察官办案责任制适用的范围上，只有个别试点单位对主任检察官办案责任制适用于职务犯罪侦查活动提出了异议，绝大部分试点单位则不区分办案部门一体适用。五是在对主任检察官办案责任制改革效

---

① 参见《邯郸市峰峰矿区人民检察院主任检察官办案责任制改革试点工作实施方案》。

果评估上，大部分试点单位将诉讼效率作为主要评估指标，鲜有其他评价指标和数据。

（三）主任检察官办案责任制改革试点评析

1. 主任检察官的性质

对主任检察官办案责任制的探讨，必然无法绕过对主任检察官性质的分析。即按照最高人民检察院要求所选任的主任检察官到底应如何定位？是介于检察长、检察员之外的另一种特殊检察官，还是一种新型的办案组织？从最高人民检察院的相关文件来看，这次改革试图通过检察长的授权将主任检察官作为办案主体。同时，又以主任检察官为中心，成立基层办案组织，并对办案组织成员具有指挥、决定和命令权。也就是说，主任检察官兼具办案主体和办案组织负责人的角色。然而，对于这种制度设计，我们不能不产生以下疑惑：一是旨在减少行政层级的主任检察官办案责任制改革，并未能改变原先的三级审批制办案模式，而是由“处室负责人审核”变为“主任检察官”审核，甚至是审批定案。也就是将原处室由行政管理机构的定位改变为办案组织的设计。如果说这种改变还有意义，那么只是在具体名称上的司法化①。二是通过检察长特别授权，将主任检察官界定为办案主体，这只不过是对不同检察官之间权力的再次分配。因为根据法律规定，检察员和助理检察员都是检察官，都具有办案资格和办案权力。而改革试点中将符合一定遴选条件的检察员或助理检察员聘请为主任检察官从而委予特殊权力，这只不过是将特殊授权制度化。因为主任检察官只是一种有时间任期的“岗位”，一旦没有被续聘，就意味着他（她）将重新回归到普通检察官的行列。

2. 检察长与主任检察官的关系问题

从上述改革试点中可知，除法律明确规定由检察长和检委会行使的职权外，检察长可以授权主任检察官行使部分检察权。当然，这种授权既可

① 万毅：“主任检察官制度改革质评”，载《甘肃社会科学》2014 年第 4 期，第 164 页。

能是程序性的也可能是终局性的，对此，每个试点单位的规定并不相同。不过，这些规定都可以被归结为检察长与主任检察官之间的授权与被授权关系。这种被授权的主任检察官所具有的有限决定权被人们看作是“突出了检察官办案主体作用”，从而促进了“检察机关办案司法化”的发展，确保了检察权依法独立公正的行使。当然，在我国当前背景下，由普通检察官独立行使检察权尚无程序法规定，也较难以实现，主任检察官办案责任制改革不啻为一种较好的过渡。但是，笔者认为，这种授权与被授权在一定程度上违反了检察长与主任检察官的诉讼原则。

一是对检察一体化的过分强调，忽视了主任检察官的独立性。检察一体化是指检察机关在组织体系上为一个共同体，在行使检察权活动上必须保持整体的统一性。[①] 对外，是检察权一体化行使，上级检察机关领导下级检察机关，对内，则表现在检察长领导管理本院主任检察官，主任检察官按照上命下从的要求履行法律监督职责。这种领导体制有利于惩罚犯罪和纠正违法行为，确保执法标准的统一和规范。检察独立性则是指检察权行使的主体身份是独立的，我国宪法所确定的是检察院独立，但是从内涵来看，还应当包括检察官的独立。[②] 检察官的独立性是其司法属性的必然要求，也是其履行客观公正义务的内在要求。检察一体化和检察官独立性共同构成检察官行使检察权的指导原则。然而，在当前的主任检察官改革中，出现了极端化倾向，片面强调检察一体化原则，将检察一体化原则理解为完全的上命下从，忽视了主任检察官的独立性。

二是检察长指令权的绝对化，忽视了检察权行使的司法化属性。例如，有的试点检察院规定：“主任检察官受检察长和主管副检察长的领导。对检察长、主管副检察长的指挥、决定和命令，主任检察官必须服从。”此项规定，虽然有利于对主任检察官的执法监督，但是“如果完全任由检察首长在见解不同时，即可剥夺原检察官对个案的承办权，则个案

---

① 邓思清：《检察权论》，北京大学出版社 2007 年版，第 112 页。

② 韩大元：“关于检察机关性质的宪法文本解读”，载《人民检察》2005 年第 13 期，第 13 页。

检察官依其法律确信自主办案的空间几乎无存，而上级也处于一种几近不受节制的权力位置”[1]。同时，主任检察官并未在诉讼法上取得独立的地位，其与检察长的关系并未规范化和制度化，其职权主要来自检察长的授权，这就意味着检察长在任何时候都可以取代主任检察官行使检察权，从而重新陷入绝对服从的行政化构造中去。

3. 主任检察官办案责任制的适用范围

根据最高人民检察院的试点方案，各家试点单位均进行了认真贯彻，即撤销全部内设机构，在所有检察业务部门设置了主任检察官办公室，由主任检察官领导办案，由此凸显了试点改革的彻底和决心，[2] 但这种不加区分的改革值得反思。主任检察官办案责任制改革的目的是纠正检察机关办案的过度行政化倾向，从而体现检察活动的司法化。[3] 与行政权相比，司法权具有亲历性、判断性和独立性的特征：亲历性即亲身经历程序，直观审查证据资料；判断性即根据亲历性事实，依据内心理性和良心作出决定；独立性则是检察官除了法律的上司外，不受其他非法干涉。[4] 而我国检察机关的检察权则是由公诉权、诉讼监督权、侦查权等多种权能组成，兼具行政权和司法权内容，如此不分类别统一适用主任检察官办案责任制势必造成行政性检察权行使的削弱。譬如对于职务犯罪的侦查，就需要上下一体，多人联合协力办案，同时，在案件办理中要遵循严格的审批程序，这就不再需要主任检察官的亲历性、独立性和判断性的行使职权。倘若在职务犯罪侦查等领域推行主任检察官办案责任制有可能降低侦查效率，不利于打击职务犯罪。

---

① 林钰雄：《刑事诉讼法》（上），中国人民大学出版社 2005 年版，第 112 页。

② 笔者在调研中发现，有的试点单位也对改革试点的持续性抱怀疑态度，仍然采取了双轨制运行，即原有内设机构设置不撤销，暂时以新组建的部门来运行，而一旦试点结束或失败，也可以回归到先前的运行模式中去。

③ 参见《最高人民检察院检察官办案责任制改革试点方案》。

④ 龙宗智：“为什么要实行主诉检察官办案责任制：一论主诉检察官办案责任制”，载《人民检察》2000 年第 1 期，第 16-17 页。

四、人民检察院司法责任制改革

（一）人民检察院司法责任制改革背景

2013年，党的十八届三中全会将完善司法责任制作为推进法治中国建设的重要内容。2014年，党的十八届四中全会通过的《关于全面推进依法治国若干重大问题的决定》指出，完善检察官办案责任制，落实谁办案谁负责。最高人民检察院在《关于深化检察改革的意见（2013—2017年工作规划）》中则明确指出，将深化检察官办案责任制改革，以落实和强化检察官执法责任为重点，完善主任检察官办案责任制，科学界定主任检察官、副检察长、检察长和检察委员会在执法办案中的职责权限。习近平总书记则进一步指出，司法责任制是司法改革的“牛鼻子”，必须紧紧抓牢。[①] 2014年，中央全面深化改革领导小组第二次会议审议通过的《关于司法体制和社会体制改革的意见及贯彻实施分工方案》要求，以落实和强化检察官执法责任为重点，探索建立突出检察官主体地位的办案责任制，科学划分检察机关内部执法办案权限，建立健全检察机关执法办案组织，完善检察机关执法办案责任体系。为进一步推进改革，2015年9月，最高人民检察院又出台了《关于完善人民检察院司法责任制的若干意见》，这被视为推进检察官办案机制中国化的制度努力。检察院司法责任制主要就是进入员额的各层级检察官的办案责任制。该意见共7部分48条，除第一部分为目标原则和最后一部分“其他”外，中间5部分分别为健全司法办案组织及运行机制、健全检察委员会运行机制、明确检察人员职责权限、健全检察管理与监督机制、严格司法责任认定和追究。2016年7月，人民检察院司法责任制改革在前期试点基础上，向全国全面推开。[②]

---

① 习近平：“增强改革定力保持改革韧劲，扎扎实实把改革举措落到实处”，载《人民日报》2015年8月19日，第1版。

② 徐隽：“司改重大进展：谁办案谁负责全面推开”，载《人民日报》2016年7月21日，第1版。

表1　最高人民检察院工作报告中有关办案责任制的表述①

年份	依据	表述	目标
2000	党的十五大和九届全国人大二次会议关于推进司法改革的要求	主诉检察官办案责任制试点工作	解决长期以来主办检察官办案责任心不强问题，提高了办案质量和效率
2001	检察改革三年实施意见	全面实行主诉检察官制度改革，继续抓好主办检察官办案责任制试点	提高办案质量和效率
2002	深化检察改革，创新管理机制	完善主诉、主办检察官办案责任制	提高执法水平和工作效率
2003	——	实行主诉检察官办案责任制	提高公诉质量和效率
2014	认真落实中央关于深化司法改革的部署	推行检察官办案责任制改革试点	落实和强化执法办案责任
2015	贯彻党的十八届三中、四中全会部署，出台关于深化司法改革和检察改革的意见	开展检察官办案责任制试点，择优选任主任检察官，赋予相应司法办案决定权，完善司法办案责任制度，主任检察官对所办案件终身负责	落实“谁办案、谁决定、谁负责”
2016	落实党中央深化司法改革各项部署，积极回应人民群众期盼，修订检察改革五年规划	完善人民检察院司法责任制，制定完善人民检察院司法责任制的若干意见	健全检察权运行机制和司法责任体系

① 数据来自于《最高人民检察院工作报告》（2000—2016年），其中2004年至2013年没有涉及检察官办案责任制改革相关内容。

(二)人民检察院司法责任制改革内容

2015年9月，最高人民检察院出台了《关于完善人民检察院司法责任制的若干意见》，确定了检察官办案责任制的基本范畴，即以检察权运行机制为核心而构建的运行主体、运行机制、监督机制、责任机制和保障机制五大机制。其中，运行主体是前提，是检察权的运行载体；运行机制是核心，是检察权运行的具体展现；监督机制是约束，是检察权运行的规制；责任机制是后果，是检察权不当运行的惩戒；保障机制是支撑，是检察权运行的必备。

表2 党的十八大以来检察官办案责任制改革文件

年份	制定主体	文件	主要内容
2013	党的十八届三中全会审议	中共中央关于全面深化改革若干重大问题的决定	全面部署深化司法体制改革
2014	中央全面深化改革领导小组第二次会议	关于深化司法体制和社会体制改革的意见及贯彻实施分工方案	深化司法体制改革的目标、原则，制定了各项改革任务的路线图和时间表
2014	中央全面深化改革领导小组第三次会议	关于司法体制改革试点若干问题的框架意见	确定了若干重点难点问题政策导向
2014	党的十八届中央委员会第四次全体会议	中共中央关于全面推进依法治国若干重大问题的决定	完善主审法官、合议庭、主任检察官、主办侦查员办案责任制，落实谁办案谁负责。
2015	最高人民检察院	关于完善人民检察院司法责任制的若干意见	健全司法办案组织，科学界定内部司法办案权限，完善司法办案责任体系，构建公正高效的检察权运行机制和公平合理的司法责任认定、追究机制

一是办案组织的两元化。办案组织解决的是谁是办案主体的问题，在改革之前，并未有办案组织的称谓，而是沿革三级审批制的传统。根据改革意见，检察官办案责任制就是要突出检察官办案的主体地位，建立健全检察机关司法办案组织。在此基础上，确立了独任检察官和检察官办案组两种基本办案组织。其中，独任检察官是指检察官一人，在辅助人员的协助下办理案件。检察官办案组是指两个以上检察官共同办理案件，其中负责人为主任检察官。此外，检察委员会也是特殊的办案组织，检察委员会讨论决定本院办理的重大、疑难、复杂案件。

表 3　检察办案组织配置表①

办案组织 办案种类	独任检察官（承办权）	检察官办案组（承办权）
审查逮捕	一般案件	重大、疑难、复杂案件
审查起诉	一般案件	重大、疑难、复杂案件
立案侦查	简单案件	一般案件
诉讼监督	可以由独任检察官承办	可以由检察官办案组承办

二是运行机制的规范化。检察官办案责任制的运行机制包括职权配置和运行关系两个部分。其中，职权配置在于科学设置检察机关内部司法办案权限，就是厘定检察长与检察官之间的权力界限。从最高人民检察院《关于完善人民检察院司法责任制的若干意见》（以下简称《意见》）内容来看，只是一般性地规定了检察长和检察官的职权划分，而并未制定全国统一的权力清单，进而授权各改革试点，以省级为单位，制定权力清单。2016 年 12 月，最高人民检察院就检察官权力清单问题下发了《关于制定检察官权力清单的指导意见（征求意见稿）》，进而科学界定不同层级检察院的职能，以及检察院内部司法办案权限。在运行关系上，明确检察委员会、检察长、业务部门负责人、主任检察官、检察官以及检察官助

① 参见最高人民检察院《关于完善人民检察院司法责任制的若干意见》。

理之间的职责权限和工作分工，确保检察权运行机制的通畅和高效。

三是监督机制的进一步完善。为确保检察权在法治轨道上运行，对其进行管理和监督实属必要。《意见》从上下内外四个方面对检察官办案活动进行了监督。在“上”方面，进一步规范了上级人民检察院领导下级人民检察院的方式、程序和内容，明确上级人民检察院的指令应当经检察长或检察委员会决定，并以检察院名义下发。在“下”方面，进一步规范了下级人民检察院向上级人民检察院的请示程序，要求请示环节须经本级检察委员会讨论，重申了请示程序的严肃性，增强了检察委员会的决策功能。在“内”方面，通过案件管理机制、案件承办机制、办案业绩评价机制、办案质量评价机制等机制建设，确保检察官办案活动的规范性。在“外”方面，通过构建开放动态透明便民的阳光司法机制，便利外部监督的途径和方式，提高外部监督的效果和作用。

四是责任机制的进一步完善。公平合理的司法责任认定和追究机制是检察官办案责任制改革的目的所在。首先，《意见》区分了检察官司法责任与其他违纪违法行为。检察官司法责任是检察官惩戒制度中的一种形式，主要是指办案活动中违纪违法行为所产生的责任。根据主观过错程度和责任原因，检察官司法责任可分为故意违反法律法规责任、重大过失责任和监督管理责任。除此之外，对于检察人员在事实认定、证据采信、法律适用、办案程序、文书制作以及司法作风等方面不符合法律和有关规定，但不影响案件结论的正确性和效力的，属司法瑕疵，依照相关纪律规定处理，并不承担司法责任。其次，确立了有限的司法豁免原则。根据《意见》规定，检察官在履行职责中只要尽到必要注意义务，没有故意或重大过失的，即使发生错案也不承担责任。此项规定标志着我国检察官有限司法豁免原则的确立。再次，科学划分司法责任。从《意见》规定来看，办案主体可分为检察长、副检察长、检察委员会、检察官四类，上述四类主体在办案活动中或单独作出决定，或依据检察官提供的证据和事实作出决定。通过科学划定不同主体的职权，进而明确各类检察人员的司法责任，从而实现“谁办案谁负责，谁决定谁负责”的责任自负制，进而确保司法责任对司法行为的引导、威慑和制约功能。最后，完善了责任追究程序，实现了调查主体和决定主体的适当分离。对于可能承担司法责任的检察官，人民检察院纪检监察机构受理检举控告和调查核实后，报请检察长决定移送省级检察官惩戒委员会审议，并根据查明的事实和法律规定作出无责、免责或给予惩戒处分的建议，检察机关根据建议作出相应处分。2016 年 7 月，中央全面深化改革领导小组第二十六次会议通过了《关于建立法官、检察官惩戒制度的意见（试行）》，就检察官惩戒的范围、组织机构、工作程序、权利保障等提出了具体要求，标志着检察官惩戒制度的基本确立。

五是保障机制的进一步完善。《意见》重申了检察官依法履职受法律保护，并且对法定职责之外的事务有权拒绝的原则。与此同时，通过检察机关人财物省级统筹机制改革、检察官工资制度改革、保护司法人员依法履行职责改革、领导干部插手干预司法活动责任追究等改革机制的配套实施，实现了检察官履职的行为保障、人身保障和物质保障的覆盖。

(三) 人民检察院司法责任制改革评析

人民检察院司法责任制改革是十八大以后党关于司法体制改革的重要组成部分，也是贯彻落实十八届三中、四中全会精神要求的体现。从最高人民检察院《关于〈关于完善人民检察院司法责任制的若干意见〉的说明》中可知，人民检察院司法责任制改革意见经过了“主任检察官办案责任制改革”到“检察权运行机制改革”，再到“人民检察院司法责任制”三个阶段，每个阶段题目的变化标志着认识的不断深刻和体系的逐渐完备，最终较为系统地规定了人民检察院司法责任制的主要内容。

一是在宪法法律规定的框架内进行的制度调整，体现了改革的法治要求。从《意见》内容来看，每一项改革内容都没有突破现行宪法法律的基本原则和基本制度，这是司法体制改革依法进行的重要表现，也是改革合法性合宪性的基本要求。例如，《宪法》规定的上下级人民检察院领导关系，检察长统一领导人民检察院工作原则等内容，决定了检察官办案责任制体制的中国传统和中国特色，这也注定检察官办案责任制改革试点难以实现体制上的突破。

二是在具体制度设计上注重对实践问题的总结和关注，体现了改革的问题导向。针对检察办案实践中办案组织概念模糊、组织形式有限的问题，在总结经验的基础上，提出了办案组织和组织形式的概念和规范，这是回应实践需求的制度安排。同时，基本办案组织的宏观规定，也有助于今后司法改革试点单位根据实际和历史进行差异化改革。例如，针对检察权内部职责权限不明的现实，提出了不同主体的职责权限。上述规定，回应了实践热点、难点，提出了改革的着力点和突破点。

三是在改革要求上注重发挥顶层设计和试点改革，体现了改革的路径方向。《意见》重点对办案组织及运行机制、检察委员会运行机制、检察人员职责权限、检察管理与监督机制、司法责任认定和追究等方面提出了具体要求，这些要求体现了中央关于检察官办案责任制的制度构思和制度设计，为改革指出了方向。同时，针对我国地域广泛、情况有别的实际，又提出了以省级为单位制定“权力清单”、“实施意见”等符合地方特色的改革方案，这是顶层设计与试点改革的改革要求，有助于制度理性与实践理性的有益结合，体现了今后改革的路径方向。

五、《人民检察院组织法》的有关规定

2018 年 10 月 26 日，十三届全国人大常委会第六次会议审议通过了《人民检察院组织法》，共 6 章 53 条，新修订人民检察院组织法条文数量增加了近一倍。人民检察院组织法的修订，充分体现了以习近平同志为核心的党中央关于完善检察机关行使监督权的法律制度的要求，落实了宪法对检察机关的定位，是对党的十八大、十九大以来司法体制改革、检察改革的成果予以确认和巩固。对规范人民检察院的设置和职权，完善人民检察院管理体制和检察权运行机制，保障人民检察院依法履行职责，更好地保障国家法律正确实施，维护社会公平正义，进一步提升司法公信力，具有重要意义。

一是明确了人民检察院的性质和任务。围绕坚持宪法定位，规定：“人

民检察院是国家的法律监督机关。人民检察院通过行使检察权，追诉犯罪，维护国家安全和社会秩序，维护个人和组织的合法权益，维护国家利益、社会公共利益，保障法律正确实施，维护社会公平正义，维护国家法制统一、尊严、权威，保障中国特色社会主义建设的顺利进行。”

二是增加了司法责任制原则。根据《人民检察院组织法》第 8 条规定，人民检察院实行司法责任制，建立健全权责统一的司法权力运行机制。根据《人民检察院组织法》第 3 章规定，完善了人民检察院的办案组织。按照司法责任制的要求，完善了独任检察官和检察官办案组运行机制，规定“人民检察院办理案件，根据案件情况可以由一名检察官独任办理，也可以由两名以上检察官组成办案组办理。由检察官办案组办理的，检察长应当指定一名检察官为主办检察官，组织、指挥办案组办理案件”。同时，还完善了检察委员会的职能、组成、议事程序、决定的效力等规定。明确检察委员会负责“总结检察工作经验；讨论决定重大、疑难、复杂案件；讨论决定其他有关检察工作的重大问题”。

三是完善了人民检察院行使职权的保障。防止对检察权的外部干预，明确规定，“任何单位或者个人不得要求检察官从事超出法定职责范围的事务。对于领导干部干预司法活动、插手具体案件处理，或者人民检察院内部人员过问案件情况的，办案人员应当全面如实记录并报告；有违法违纪情形的，由有关机关根据情节轻重追究行为人的责任”。同时，还规定，“人民检察院采取必要措施，维护办案安全。对妨碍人民检察院依法行使职权的违法犯罪行为，依法追究法律责任”。此外，还对检察机关编制管理、经费保障、人员培训、信息化建设等作出了规定。

第二章　英美国家检察官办案责任制

在英国，皇家检察官中很大部分来自于律师，属于文职公务员，助理检察官则由非法律背景的雇员担任，并未形成严格的权力层级。在美国，联邦检察官由总统任命，实行任期制，与政党执政轮替性关系较大，而作为检察办案的主力助理检察官则由检察官雇佣，其标准则完全由检察官掌控，由此造成美国检察人员具有较强的“流动性”，并非职业化的检察人员，因而形成协作型权力运转关系。此外，在英美国家，检察机关虽是行政机关，不属于司法机关，但是在内部检察职权行使上，都强调检察权由检察官个人行使，实行个人负责制，检察官有权自行决定侦查和提起诉讼并由个人负责。检察官在办理刑事案件过程中的公诉权裁量性极大，以至于其被视为刑事司法体系中居于“枢纽”或“核心”地位。因此，英美国家检察官办案责任制可归结为协作独立型模式。

第一节　英国检察官办案责任制

一、英国检察制度简介

英国全称大不列颠及北爱尔兰联合王国，包括四个部分，分别是英格兰、苏格兰、威尔士和北爱尔兰。由于历史传统的原因，苏格兰的法律制度更加偏重大陆法系，所以谈及英国法律制度时多是指苏格兰和威尔士地区[①]。从历史上看，英国的检察制度诞生得较早，早在中世纪时期，英国

① 张福森：《各国司法体制简介（修订版）》，法律出版社2006年版，第62页。

就出现了总检察长、副总检察长代表国王对特别重大的案件提起诉讼，由于这类案件数量较少，所以大多数刑事案件则是由财政部法务长以政府的名义提起。[①] 现代意义上的英国检察制度则规定在 1985 年的《犯罪起诉法》第 23 章[②]，根据该法的规定，自 1986 年 10 月 1 日起，成立英国皇家检察署。皇家检察署的成立，标志着英国现代检察制度的诞生。[③] 至此，在英国建立了自上而下、独立完整的检察系统。皇家检察署主要负责审查警察提交起诉的案件，为提起公诉和出庭支持公诉做准备，并在侦查的早期阶段对警察提出建议。皇家检察署下设伦敦总部和十三个地方分支机构，地方分支机构的负责人是地方首席检察官（Chief Crown Prosecutor）。皇家检察署及其分支机构不对地方政府负责，也不受制于警察系统，而是实行自上而下的垂直领导。截至 2015 年 3 月，英国皇家检察署共有全日制雇员 5895 人，其中包括 2255 名皇家检察官和 3288 名检察辅助人员和行政人员，其中将近 94%的人服务于起诉前线。

二、英国检察官的主要职权

从皇家检察署的成立背景来看，其主要是防止警察集控诉与侦查职权于一体的体制弊端，所以在皇家检察署成立初期，其主要职能是审查起

---

① 李培锋：“英国检察制度的创设模式及当代特点”，载《南京大学法律评论》2009 年春季卷，第 281 页。

② 该法第一部分规定了皇家检察署的职责，即作为控诉机关。参见 *Prosecution of Offences Act* 1985 Part I The Crown Prosecution Service Constitution and functions of Service.

③ 对于英国检察机构，一般认为仅仅是指总检察长领导下的皇家检察署，也有学者认为包括总检察长领导下的其他机构，包括：反严重欺诈局、财政律师部、检察署督察署。参见何家弘：《检察制度比较研究》，中国检察出版社 2008 年版，第 28 页。

诉[①]。根据《皇家检察官准则》[②] 第二部分第 4 条规定，英国检察官的职责是审查案件、提出意见并对案件进行起诉，确保法律的正确实施。然而，在成立之初的很长时间里，皇家检察署的影响力比较有限：一是公诉权可由多方行使，尚未形成统一模式。除皇家检察署外，侦查机关（如警方）继续享有指控部分犯罪的权力，而出庭律师也继续享有在刑事法院起诉重罪案件的权力。二是公诉权的行使范围较为有限。皇家检察署的检察官并非可以起诉所有刑事案件，而主要负责起诉由治安法院管辖的轻罪案件。

但是，这一状况在进入 21 世纪以后发生了改变，皇家检察署在刑事司法中的影响力逐渐扩大。首先，皇家检察署公诉权的范围逐渐扩大。英国《2003 年刑事司法法》颁布后，皇家检察署的公诉权得以法定化，警方和其他侦查机构的起诉权不断向皇家检察署转移。同时，皇家检察官逐渐具备了在重罪法院出庭支持起诉的能力。其次，皇家检察署对侦查机关和其他机构的影响力提升。尽管皇家检察署对侦查机关并没有直接的指挥监督权，但是却可以通过提供咨询和建议、退回补充侦查、发布一般指引或具体犯罪起诉指引等方式对侦查机关施加影响[③]。再次，皇家检察署的案件处理权也在扩大。在结案权方面，皇家检察署虽不直接享有结案权，但是皇家检察署在退回案卷时，可以要求警方通过签发诸如附条件警告令等替代庭审方式解决案件。此外，皇家检察官享有辩诉交易的权力，相关规则已经日益完善[④]。

---

① The CPS was Established in 1986, Under the Prosecution of Offences Act 1985, and the Way in Which it undertakes its Role is Governed by Two Key Documents: The Code for Crown Prosecutors; and ourCasework Quality Standards (CQS).

② 《皇家检察官准则》由皇家检察署检察长制定，旨在为刑事起诉确定普遍的、共同的指导原则。该准则经多次修订，目前最新版本是第 7 版，2013 年修订。

③ Crown Prosecution Service 2014—2015。

④ 杨先德："21 世纪以来英国皇家检察署有四大发展"，载《检察日报》2015 年 12 月 22 日，第 3 版。

三、英国检察官办案责任制的主要内容

（一）办案组织

皇家检察署总部的内设机构分为办案部门和综合部门，其中办案部门分为三个，分别是专业反欺诈部、有组织犯罪部、特殊犯罪和反恐部，综合部门则主要包括业务服务、财务、人力资源、通信等部门。此外，皇家检察署还有两个比较特殊的部门，一是皇家检察署热线，为全国警方提供全天候咨询建议服务；二是皇家检察署犯罪收益部，主要负责犯罪资产追回、没收等工作。在人员构成上，可分为皇家检察官（Prosecutors）、法务承办专员（Paralegals）和行政人员（Administrators）。其中，皇家检察官是办案的主体，除在重特大案件中接受检察长的领导外，其可以独立办理案件，并对案件的结果承担责任。皇家检察署检察长是当然的检察官，他们自身也要履行办案职能，并在办案过程中对于管辖范围内的案件享有独立处理的权力。普通检察官则享有检察长的职权，是具体的办案组织[①]。根据《1985 年犯罪起诉法》第 1 条第 6 款的规定，每个皇家检察官对自己所分到的职责都不能有任何偏见，在对机构和程序上都享有检察长的所有权力，但是要在检察长的指挥之下工作。法务承办专员则是非检察官资格但是可以承办部分案件的人员。根据英国《1998 年犯罪与反社会秩序法令》，允许一些初等法院的案件由皇家检察署内部非检察官的法务承办专员负责，但法务专员必须经过特定的业务培训，并至少具有三年以上的案件工作经验或者法律职业资格。除检察官外，检察长也可以随时授权现任检察官以外的人从事起诉工作，但必须是私人开业的初级律师或公共机构雇佣的律师。这些人同检察官所享有的权力相同，但行使职权时要接受检察官的指导。

---

① Erik Luna and Marianne L Wade, The Prosecutor in Transnational . Oxford University Press, USA July 30, 2012 Perspective, pp. 241-215.

（二）运行机制

1. 总检察长与皇家检察署

在英国，总检察长（attorney general）属于政府组成人员，但一般不是内阁成员，他不仅负责检察事务，还是英国辩护律师协会的负责人和政府首席法律顾问。皇家检察署的首长系皇家检察署检察长（Director of Public Prosecutions），在总检察长的监督下开展工作。总检察长的职权广泛，包括向议会报告皇家检察署工作、任命皇家检察署检察长、制定有关条例、对于重大问题向政府提出法律意见、对皇家检察署的工作进行监督等。除一些特殊案件（如叛国、暴乱、高级官员腐败等），英国总检察长并不干预皇家检察署的案件办理和日常管理。总检察长与皇家检察署的关系具体如下：一是皇家检察署通过总检察长向议会负责。英国属于议会制国家，议会在国家权力机关中占据主导性地位，政府由议会产生并对其负责。作为政府部门之一的皇家检察署，其并非直接向议会报告工作，而是通过总检察长进行。如此，皇家检察署检察长每年都需向总检察长报告工作。二是总检察长对皇家检察署的领导权。具体可分为人事任免权和工作监督权。总检察长有权任命皇家检察署检察长，并决定检察长的报酬（需经财政部批准），通过制定法规进行人员调动等。此外，总检察长有权对皇家检察署检察长的工作进行监督，可以特别指定检察长向其汇报某件案件的情况。总检察长有权签署不起诉令以终止任何他认为应该终止的诉讼活动。但实际上检察长是相当独立的，有自主权，他决定的绝大多数案件总检察长从未过问，除非是要案、疑难案，或基于公共利益考虑的大案。①

2. 皇家检察署检察长与检察官

皇家检察署检察长（Director of Public Prosecutions）系皇家检察署的首长，他需要具备10年以上的出庭律师或事务律师资质。皇家检察署检

① 樊崇义等著：《域外检察制度研究》，中国人民公安大学出版社2008年版，第12页。

察长职权广泛，包括提起刑事诉讼、接管警察或他人提起刑事诉讼的案件、就重大复杂案件提起诉讼、就有关刑事犯罪的法律问题向警方提出建议、在上诉案件中出庭支持公诉等。检察官（Prosecutions）则是法定的办案主体，必须由初级律师或律师担任，属于政府文职公务员。皇家检察署检察长与检察官的关系体现在以下方面：一是检察官的法定代理权。根据法律规定，皇家检察署检察官在诉讼活动中都享有检察长所享有的提起和进行诉讼活动的一切权力。也就是说，检察官的权力虽来源于检察长，但却无须其另外授权，而是直接法定代理。进而，检察官的办案权力范围与检察长相同，在机构和程序上都享有检察长的所有权力。二是检察长对检察官的监督权。在英国，检察官由检察长任命，并对检察长负责。检察长有权介入检察官所办理的案件，并对检察官的行为进行指导，[①] 但指导之下的具体处理意见还是由检察官独立作出，个人责任和风险也更为明确。[②] 三是检察官的独立办案权。无论是法律规定，还是检察官的职业规范，都要求检察官在每一起案件中独立且公正起诉，并作为其基本价值追求。也就是说，在大部分案件中，检察官都有根据证据标准和公共利益标准进行起诉与否的自主决定权。

3. 皇家检察署检察长与地方首席检察官

地方首席检察官（Chief Crown Prosecutor）属于高级检察官，是皇家检察署地方分支机构的负责人，首席检察官应直接向皇家检察署检察长报告工作。首席检察官根据皇家检察署政策执行对涉及个人案件的起诉；在服务地方工作上制定并实施最高的职业道德标准；代表皇家检察署与地方政府进行沟通，并参与其他司法政策的制定；执行国家的政策和皇家检察署的战略，以及分支机构内部的管理。

（三）监督机制

在英国，对于检察官的监督包括内部监督和外部监督两个方面。在内

① 程汉大、李培锋：《英国司法制度史》，清华大学出版社 2007 年版，第 403-404 页。

② 甄贞等：《检察制度比较研究》，法律出版社 2010 年版，第 586 页。

部监督方面，主要是皇家检察署对地方分支检察署的监督、检察长对检察官的监督。由于英国检察办案的个人责任制，皇家检察署对地方分支机构的监督也是通过检察长个人来完成的。具体包括：检察长应向检察官发布业务准则，就一般原则进行指导。例如，应否提起诉讼，应否中止诉讼，应当提出何种罪名的指控，向治安法院指导某案使用的审讯模式，等等。在外部监督方面，主要来自于法院的司法审查和当事人监督。在英国，实行预审制度，除法律另有规定外，凡是按正式起诉程序由刑事法院审理的案件必须经治安法院预审，以决定是否应将被告人交付审判。此外，针对检控方“滥用诉讼程序”的行为，英国设立了诉讼终止制度进行制约，辩护方有权就上述行为向法院提出终止诉讼的请求。①

（四）保障机制

在英国，检察官的保障机制主要包括身份保障、行为保障和待遇保障三个方面。一是身份保障的自主性。皇家检察署人员招募事务由皇家检察署自行处理，但所有的人员任命都必须经公务员委员会的批准。皇家检察官加入皇家检察院之前一般都是律师，但是他们加入皇家检察院之后就成为了国家公务员。② 二是行为保障的独立性。英国上诉法院在 1994 年指出，任何内部针对检察官行使自由裁量权的纪律处分都要通过司法审查。在检察官行使自由裁量权严重违反相关法规的情况下，对其惩戒的权力由皇家检察院行使；情节较轻的情况下，由地方领导者作出相应的处理。三是待遇保障的充分性。在英国，检察官的工资水平处于社会中上等，远高于一般政府公务员的工资。检察官任职期间的晋升以工作业绩为依据，晋升由皇家检察官资深人员组成的晋升小组决定。他们根据年度评估会见候选人。皇家检察院的业务经费和人员工资均由财政部根据议会的决定予以划拨，皇家检察署的检察官和检察辅助人员人数由财政部确定，经费管理

① 程伟：“英国检察机关的独立性初探”，载《内江师范学院学报》2006 年第 3 期，第 42 页。

② 李粤贵：“中英检察制度考察”，载《南风窗》2003 年第 22 期，第 13 页。

主要由总检察长办公室负责。检察机关从财政部获取经费后再向各检察院进行拨付。①

第二节 美国检察官办案责任制

在美国，基于联邦制的国家结构，检察机关可分为联邦检察机关和地方检察机关两套系统，两者之间并无直接的上下级领导关系。也就是说，在纵向关系上，美国检察机关是分离的。同时，按照“三权分立”的国家体制，检察机关属于典型的行政机关，同时也承担一定的司法职能，在横向关系上呈现出多样性。这种特殊的政治背景，决定了美国检察官办案责任制的特殊性和独特性。然而，这种特殊性和独特性所形成的轨迹，揭示了检察官办案责任制模式形成过程中所受到的有关变量的影响。对这种影响的分析，有助于厘清我国检察官办案责任制应遵循的规律以及未来的走向。

一、美国检察制度概况

作为世界最为发达的国家之一，美国检察制度也备受关注，相关研究成果不断呈现，极大地丰富了对美国检察制度的认识。② 按照国家结构理论的划分，美国不同于我国的单一制国家结构体制，而是属于典型的联邦制国家。同时，在法律传统属性上，则是英美法系的代表。在这种双重外部结构的影响下，美国检察制度呈现出双轨多级、分散多样的特点③。首

① 徐汉明等：《中国检务保障理论与应用研究》，知识产权出版社 2013 年版，第 109 页。

② 有关美国检察制度的专著主要包括：张鸿巍教授的《美国检察制度研究》、周叶谦教授翻译的《美国检察官研究》以及李昌林教授翻译的《专横的正义——美国检察官的权力》等，除此之外，在比较检察制度研究中，也有多方面的涉及。

③ 何家弘教授称之为“三级多轨，相互独立，三级是指联邦、州及郡（市、县），双轨是指联邦检察系统与地方检察系统平行，互不干扰”。参见何家弘：“论美国检察制度的特色”，载《外国法译评》1995 年第 4 期，第 24-25 页。

先，美国检察制度具有双轨多级性。所谓双轨制，是指美国检察制度可分为联邦检察系统和地方检察系统，两者并没有直接领导关系，而是各成体系。联邦检察系统需遵循联邦宪法和法律，州检察系统除遵循联邦宪法和法律外，尚需遵循州宪法和法律。① 所谓多级，是指美国检察系统包括联邦、州、市、郡（县）等多级检察机关，这些不同层级的检察机关各司其职，共同组成了美国检察制度的整体。据统计，当前，美国联邦检察系统共有 94 个司法区、94 名检察长和约 9250 名检察官；州检察系统约有 51 个州级检察院（51 名检察长）、2300 多个郡、市检察署约 5.5 万名检察官。其次，美国检察制度具有分散多样性。所谓分散多样性，是指检察机关的内设机构设置、人员组成、人员管理等方面并无一致性的标准，而是多样形态，分散构成。例如，联邦检察长与州检察长的产生方式并不一致。在联邦，其检察长由总统提名，参议院审议后，总统任命，联邦地区检察官是他所在的联邦检察处的首长，94 个联邦司法管辖区的所有联邦地区检察官均由总统提名任命，参议院批准。② 而州检察长、地方检察官则受平等的平民主义精神和高度发达的县镇自治制度双重影响，对于作为政府公共职位的检察长和地方检察官的遴选方式多是选举制③，其余检察官在检察长领导下，由司法行政管理部门采取公开竞聘等方式确定人选。在内设机构设置上，联邦和地方检察系统也不一致，甚至不同州检察机关内设机构的设置也不一致。④

二、美国检察官的职权

在美国，检察官职权广泛，不仅参与刑事诉讼，而且在民事和行政领

---

① 何家弘：《从它山到本土——刑事司法考究》，中国法制出版社 2008 年版，第 238 页。

② Steven M. Cox, John E. Wade, The Criminal Justice Network: An Introduction, Third Edition, The Mcgraw-Hill Companies, Inc. p. 146.

③ 黎敏："联邦制政治文化下美国检察体制的历史缘起及其反官僚制特征"，载《比较法研究》2010 年第 4 期，第 8 页。

④ 张福森：《各国司法体制简介》，法律出版社 2006 年版，第 62 页。

域都承担一定的职能。根据联邦和各地方的法律规定，检察官主要有以下权力：侦查权、司法豁免权、逮捕申请权、起诉权、辩诉交易权等。此外，不同地域和层级的检察官有的还有民商事案件、民权保护案件、反垄断案件、环境公益等案件起诉职权。基于研究主题，本书所述检察官的职权，主要集中在刑事领域。与公众的印象不同，美国检察官而非法官通常被认为是刑事司法制度中权力最大的官员，因为他们控制了刑事案件的方向和结局，比其他刑事司法官员的决定有更大的影响和更严重的后果。[①]美国检察官在刑事领域的职权主要包括侦查权和公诉权两种。[②]

（一）刑事侦查权

刑事侦查是刑事诉讼程序规则的重点，也是美国检察权介入刑事诉讼的开端。在美国，虽然实行强制侦查行为的司法审查，但无论是联邦检察官还是地方检察官仍然享有很大的刑事侦查权。例如，根据《美国法典》第28章规定，联邦地区检察官对其在司法区域内实施的违反联邦法律的犯罪行为，有权要求进行或继续侦查。[③] 州检察长及检察官有权提起、中止、撤销刑事诉讼，在提起诉讼前，有权调查犯罪事实，参与侦查；大陪审团调查案件事实时，有权出席；有权介入警方在其辖区内执行的逮捕活动。[④]

由于美国检察侦查的目的在于获取充分的事实证据，使检察官可作出公正且客观的判断，以确定是否起诉、起诉罪名以及确保无辜者不受起诉，同时也在于获取法律上可予准入的充足证据，来获得并维持对有罪者的有罪判决，保证起诉顺利进行。根据《全美检察准则》（第三版）第3-1.6条

---

① See Angela J. Davis，Prosecution and Race：The Power and Privilege of Discretion，67 Fordham L. Rev. 13. 19（1998）.

② 也有学者将其归纳为检察裁量权，笔者认为，检察裁量权并非属于检察权的实质划分，而只是其表现形式，裁量是与法定相比的类概念。参见 Krug，Peter.（2002）. Prosecutorial Discretion and Its Limits. The American Journal of Comparative Law，Vol. 50. p. 645.

③ 甄贞等：《检察制度比较研究》，法律出版社2010年版，第320页。

④ 张鸿巍：《美国检察制度研究》（第二版），人民出版社2010年版，第124页。

建议，“检察长应招募受过良好训练的侦查员来协助案件准备、补充侦查、实施初始侦查及完成检察官安排的其他任务”。所以，美国检察官侦查权的行使主要通过以下三个方面：一是检察官领导或指导警察进行犯罪侦查。美国地方的检察官一般被视为当地的执法首长，而且往往是经选举产生的政治官员，所以警察机关在刑事案件的侦查中都会接受检察官的领导，严格意义上来说，此“指挥权”及“发布命令权”权属应为建议权、督导权或指导权。[①]。二是负责公诉的检察官自行侦查，这往往是那些涉及政府官员或公司高管的职务犯罪案件。三是检察系统内部的侦查机关进行侦查，其代表就是美国的联邦调查局。在实践中，联邦调查局是公务人员受贿和警察侵犯民权等职务犯罪案件的主要侦查力量。当然，联邦调查局还负责杀人、爆炸、抢劫、诈骗、贩毒等违反联邦法律的刑事案件的侦查。[②]

（二）公诉权

美国检察官公诉权包括起诉权、不起诉权、量刑建议权、辩诉交易权等内容。美国检察官在办理刑事案件过程中公诉权裁量性极大，在刑事司法体系中居于“枢纽”或核心地位。通常而言，提交检察官审查起诉的案件主要来源于四个方面：警方报告、公民投诉、大陪审团调查以及检察官自行调查。[③]经过审查起诉，则可能面临决定起诉、决定不起诉、决定撤销案件三种选择。即使符合起诉条件，但法律并不要求检察官必须起诉所有案件。检察官可根据案件数量和掌握证据情况，对哪些案件起诉、哪些案件不起诉具有自由裁量权。其中，正式起诉是检察官的重要职能，在正式起诉后，检察官所代表的则是相应政府。由于案件繁多，再加上检察

---

① 张鸿巍：“美国检察机关立案侦查阶段之职权探析”，载《中国刑事法杂志》2012年第4期，第125页。

② 何家弘：“美国检察机关承担公诉和自侦职能”，载《检察日报》2014年11月25日，第3版。

③ ［美］琼·雅各比：《美国检察官研究》，周叶谦译，中国检察出版社1990年版，第114页。

官自由裁量权的扩张，检察官可以与被告人律师进行磋商，以撤销部分指控、降格指控或者建议从轻判刑等许诺，换取被告人作认罪答辩，以便节省审判所需的时间和开支。同时，受双重危险原则约束，美国检察官没有上诉权，但该原则不禁止检察官在被告人上诉胜诉的案件中再次提出上诉。

三、美国检察官办案责任制的主要内容

（一）办案组织

在美国，检察人员包括检察官和检察辅助人员。其中，检察官分为检察长、副检察长、助理检察长及助理检察官；检察辅助人员则包括秘书、记录辅助人员、实习法律工作者等人员。在部门设置上，不同地方检察机关设置不一。例如，新泽西州大西洋郡检察官办公室按其职能不同分为四大部门，即公诉职能部门、刑事调查职能部门、特别案件调查职能部门、行政职能部门①；沃伦县检察官办公室包括刑事诉讼部（主要负责重罪和轻罪案件的起诉、上诉工作）、羁押审查部（接受假释委员会的假释申请）、少年检察部（主要负责违法未成年人的矫正工作）、刑事侦查部（主要在逮捕到审判期间为法律执行者提供辅助信息）、刑事保障部（主要为受害人和证人提供保障或服务）、民事税务部、儿童保护执行部。助理检察官是美国各级检察机构中的主要力量，他们承担着具体案件的调查和起诉工作，助理检察官由检察官进行雇佣，虽然各地雇佣标准并不一致，但一般都需要具备律师资格且具有一定才能和优势。在刑事决策过程中，个人负责制是一项基本原则，助理检察官有权就案件的调查和起诉作出决定。当然，这种起诉是以检察官个人名义行使。②

（二）运行机制

在联邦，联邦总检察长对联邦地区检察官虽然具有制定法上的指挥监

① 孙春雨：“美国新泽西州大西洋郡检察官办公室”，载《检察实践》2005年第2期，第105页。

② 甄贞等：《检察制度比较研究》，法律出版社2010年版，第585页。

督权，但是因其不享有对地方检察官的人事管理权，所以其实际控制能力有限。在联邦，除极少数关涉联邦政府利益的案件由联邦检察长检控外，其他大多数案件都由联邦检察官负责办理。联邦检察官成立以自己名字命名的办公室，联邦检察官是检察官办公室的绝对领导，而且在行使职权时拥有较大的自由裁量权，但是其一般不亲自参与案件的调查与起诉，而是制定总的执法政策，确定执法重点，协调各助理检察官的工作。在重大疑难案件中，他们对于助理检察官的指导主要依赖诉前审查和诉中审批完成。诉前审查是指案件在正式决定起诉前由经验较少、对办案政策把握不准的检察官助理先进行审查，以理清各种各样的证据，而后由检察官进行审查，但最终起诉与否由资深助理检察官决定。诉中审批是指出庭诉讼的助理检察官为达成诉辩交易而撤诉或减少某项指控时，必须向自己的部门领导递交一份书面请示，并列明自己的理由。如果案件涉及毒品，那么撤诉或减少控诉就要经检察官或主任检察官助理批准。[①] 在地方，州检察长名义上是一州的首席检察官，但他们大多不承担公诉职能，主要还是政治性角色。[②] 州检察长很少干涉各检察官办事处的具体事务，无论检察长是否具有法定的刑事公诉权，检察长都无法对地方检察官施加影响和压力。在检察官办事处，检察官是其主管领导，他有权决定该办事处负责的一切案件和遇到的一切问题，包括起诉决定和人员任免，该办事处负责的一切刑事案件和工作人员都是他的助手和“雇员”。具体事务则由助理检察官负责，他们之间保持着一种顾问指导性关系。

（三）监督机制

对于检察官的监督制约，主要包括内部行政监督、法律职业共同体的监督和选民的监督三个方面。一是内部行政监督。在美国司法部内，设有专门的调查检察官违法违规的部门——职业责任办公室（OPR），负责对

① 胡国平：“美国现代检察管理办法”，载《人民检察》2003 年第 9 期，第 59 页。

② Peter C. Krat－coski, Donald B. Walker, Criminal Justice in American, Scott, Foresman and Company, 1978, pp. 149-150.

检察官不遵守职业规范的不端行为或者其他违法行为进行调查。监督的范围包括检察官必须遵循诚实性、可信性和适当性等职业伦理，遵守利益冲突规则等职业规范的情况，也包括廉洁方面的各项规定，如禁止联邦雇员（包括检察官）以公职身份获得非法利益等联邦法律规定。二是法律职业共同体的监督。无论是检察官还是助理检察官，首先都是美国律师协会的会员，而美国律师协会是美国最大的自愿性律师协会，旨在规范律师执业行为。美国律师协会刑事司法处制定了法官、律师和检察官职业标准，促使检察官以公平地按照促进司法的方式行使裁量权为目的，其制定的《模范职业行为规则》第3.8条就检察官的特有职责进行了规定，包括起诉决定、向辩护律师开示无罪信息等责任。三是选民的监督。美国有43个州的总检察长由选举产生，在县和市层面，95%以上的检察官由选举产生。由此，选举制度对于检察官的权力也有一定的制约作用，即美国检察官既要根据宪法和法令履行职责，但又要确保其政策和行为符合当地选民的期待和要求。[①]

（四）责任机制

对于检察官的责任追究机制包括责任追究的主体、内容、程序等方面内容。在美国，为消除检察官在行使职权时的顾虑，法律赋予其在刑事诉讼过程中具有豁免权，容忍其司法过错。[②] 然而，这种豁免权并非具有绝对性，而是应当以理性人的标准进行判断，即履行自由裁量职能的政府官员，只要其行为没有侵犯一个理性的人本来应当知道的明确确立的制定法或者宪法权利，通常对民事损害赔偿不负责任[③]。当然，这种豁免权主要体现在实体性方面，至于检察官的职业伦理、职业道德、职业规范、办案程序等程序规范处理方面是否存在违反规定的言行，是否损害了检察机关

① ［美］琼·雅各比：《美国检察官研究》，周叶谦译，中国检察出版社1990年版，第1页。

② 何帆：“利益权衡下的美国检察官豁免权”，载《检察日报》2010年5月13日，第3版。

③ Harlow v. Fitzgerald，457 U. S. 800（1982）.

的公信力，则是责任追究机制关注的重点。对于检察官的责任追究主要集中在其不端行为和错误上①，在责任追究程序上，则是由司法部下属的职业责任办公室（OPR）负责。检察官职业责任办公室是与办案部门相分离的专门部门，当其收到法官、律师、陪审团成员以及社会各方面的投诉后，可要求被投诉检察官进行书面回应，如确有违反职业规范嫌疑的即进入调查阶段，在受理和核查过程中，职业责任办公室不受外部干预和指挥。调查终结后，根据违反职业行为规范规定及情节轻重，按照规定交由律师协会等给予职业处分，具体包括吊销律师资格、暂停执业、临时暂停执业、谴责、不公开谴责以及留用察看等类型。② 涉嫌犯罪的则移送司法审查部门追究法律责任。③

（五）保障机制

检察官的职业保障机制包括人身保障和待遇保障两个方面。在人身保障方面，检察官一旦被选举产生或任命后，除非法律明确规定，检察官不能被撤职或免职。免职理由主要有：不胜任工作，经常醉酒，严重道德败坏，故意拖延或拒绝进行刑事诉讼和控告，不服从和不执行法院的命令，利用职务便利敲诈勒索，收受未经许可的酬金等。④ 在待遇保障方面，实行分级保障机制，联邦各级检察机关经费由联邦政府拨付，地方检察官经费则由所属的州、市、县政府负责。同时，检察官的保障标准不低于同级法官。根据《全美检察准则》第5.3条规定，专职检察官的薪俸不得低于该司法区具有普遍管辖权的首席法官薪俸，助理检察官的薪俸不得超过经

---

① 根据《布莱克法律词典》的解释，检察官的不端行为主要包括渎职、违法或不当等侵犯嫌疑人宪法性权利的行为，而检察官的错误则是指没有侵犯嫌疑人宪法性权利的不当行为。参见蓝向东：“从莱恩斯案看美国对检察官不端行为的惩戒”，载《中国检察官》2013年第9期，第70-71页。

② 青锋主编：《美国律师制度》，中国法制出版社1995年版，第103页。

③ 王以真主编：《外国刑事诉讼法学》，北京大学出版社1990年版，第194-197页。

④ 樊崇义等主编：《域外检察制度研究》，中国人民公安大学出版社2008年版，第60页。

选举产生的检察官的薪俸。第 5.5 条规定，检察官所获得的医疗和退休金保障，至少与该州法官所享水平相当。[①]

第三节　澳大利亚检察官办案责任制

一、澳大利亚检察制度概括

澳大利亚作为英联邦的成员，沿袭了英国的政治传统，属于联邦制国家，检察制度是近年来的新生事物。自 1980 年起，联邦及各州陆续成立了专门负责公诉的具有独立法律地位的检察机关，主要承担控诉职能。根据其政治体制要求，可分为联邦检察系统和州检察系统，两者之间并无隶属关系，而是在各自的权力范围内承担检察职能。在管辖上，联邦检察机关负责管辖涉及叛国罪、恐怖主义犯罪、毒品走私、社会保险欺诈、税收欺诈、贩卖人口等侵犯联邦财产和权利的犯罪，其他多数类型的案件均由各州自主立法，进行管辖。但是，无论是联邦还是地方，澳大利亚的检察机关都属于行政部门，经费由财政进行拨款。在检察机关内部，实行人员分类管理，分为法律工作者和司法行政人员两类。其中，法律工作者根据级别和资历分为检察长、副检察长、皇家检察官、大律师、高级律师、助理律师和事务律师等。司法行政人员包括行政管理人员、服务人员和书记员等。在地方，澳大利亚由六个州和两个领地组成，分别是新南威尔士、维多利亚、昆士兰、南澳、西澳、塔斯马尼亚以及首都领地和北领地。由于地方检察制度的多样化，再加上在地方州中，新南威尔士州无论是州域面积、人口总数还是总产值，在澳大利亚都名列前茅，特别是其立法和检察制度对其他各州甚至联邦影响甚大。[②] 所以，对地方检察制度的分析主

---

① 徐汉明：《中国检务保障体制改革研究》，中国知识产权出版社 2013 年版，第 260 页。

② 冉云梅："澳大利亚检察机构及检察官的设置与管理"，载《北京政法职业学院学报》2007 年第 1 期，第 58 页。

要基于新南威尔士州进行开展。

二、澳大利亚检察官办案责任制的主要内容

（一）办案组织

检察总署办理的所有刑事案件在起诉书上必须以检察长的名义起诉。在具体案件处理上，检察长可以授权不同级别的律师决定不同程度的事项，重要的决策权如决定刑事诉讼终止、无罪撤回等则只能由检察长行使。检察官在作出起诉决定时是独立的，只是根据公共利益原则和公平原则，依据案件本身的性质作出是否起诉的决定。

（二）运行机制

一是总检察长与检察长。澳大利亚联邦检察机关也存在总检察长和检察长“双头”领导体制。澳大利亚总检察长是在总理建议下由总督任命的政治官员，他是联邦首席法律官，是政府内阁部长。总检察长作为政治官员，是执政党的成员，其就检察机关的工作向议会负责，但是同时又要确保检察机关的独立性，免受政治因素影响。这就必须在总检察长和检察长之间进行适当的制度安排，平衡民主负责制和检察独立性的关系。按照澳大利亚《检察长法》，检察长由总检察长任命，检察长一届任期最长为7年（具体任期由总检察长任命时决定，现任检察长任期为5年），可以连任。检察长候选人必须是执业期不低于5年的法律执业者，检察长最高任职年龄为65岁。检察长领导检察机关独立运作，但是总检察长对检察机关享有指令权。指令可以是一般指令也可以是个案指令，发出指令前，总检察长必须与检察长就相关事宜进行磋商，指令必须以书面形式作出，指令必须提交议会并在澳大利亚公报上发布。事实上，联邦检察院成立30年来，总检察长很少行使指令权。此外，按照《检察长法》，检察长每年要向总检察长和议会提交年度工作报告，内容主要包括业务报告和财务报告两个部分。工作报告内容十分具体详细，一般长达200页，且公布于联邦检察院网站，体现了检察机关公开透明、尊重民主的意识。可见，澳

大利亚的相关制度安排还是比较合理的，在确保检察机关对民众承担民主责任的同时，保证了检察机关能依法独立行使职权。

二是检察长与检察官。检察长（Director of Public Prosecutions）是新南威尔士州检察总署的最高长官。根据《检察长法》第 4 条规定，检察长由总督任命，向总检察长（Attorney-General）负责，但总检察长不得在准备、提起和进行刑事指控方面影响检察长的职权。检察长的职权由《检察长法》和其他法律明文规定，如《1989 年犯罪收益没收法》（the Confiscation of Proceeds of Crime Act 1989）授予检察长一些与没收犯罪财产有关的权力。《检察长法》第 7 条（1）规定检察长的主要职权为：（1）根据新南威尔士州法律的规定，在最高法院和地区法院，代表国家（on behalf of the Crown），对可起诉犯罪提起并进行指控；（2）在任何法院，代表国家，对此类案件提出上诉并进行指控；（3）代表国家提起、指导或终结任一刑事起诉（包括由警察提起的简易起诉案件）；（4）接管由他人提起的刑事诉讼；（5）就犯罪起诉问题向检察长、皇家检察官、起诉律师和警察总署发布指导方针；（6）向警察总署发布命令要求其提供有利于检察长考虑起诉或进行诉讼所需要的特殊材料；（7）有权指导研究所的工作；（8）下放自己的权力，授权其他检察官代为行使自己的职权；（9）根据与联邦检察总署（the Office of the Commonwealth Director of Public Prosecutions，简称 CDPP）签订的协议，在某些案件中，检察长可对违反联邦法律的犯罪进行起诉；根据需要，检察长还可对来自州的诉讼，向澳大利亚终审上诉法院联邦法院和澳大利亚高等法院（设在堪培拉，是澳大利亚的最高法院）提起上诉。另外，该法第 20 条（1）还进一步强调，检察长除了履行上述所规定的各项职能外，还应负责处理任何偶发的或有益于履行检察长职责的相关事宜。此外，作为检察总署的行政领导，检察长还担负着行政上和管理上的职责。需要强调的一点是，检察总署办理的所有刑事案件，在起诉书上必须以检察长的名义起诉，至于具体案件的处理，检察长可以授权不同级别的检察官来办理相应的案件，但重要的决策，只能由检察长来作出决定。由于澳大利亚的检察官都是律师，在刑事诉讼程序中，皇家检察官是主力，案件的起诉工作主要由他们承担。其独立性受到检察官法的保证。皇家检察官代表检察长以律师的身份出庭进行指控，同时经检察长批准，还可履行作为律师的其他职责。检察长虽然可以就案件的起诉工作对皇家检察官提出指导，但不能对某一具体案件提出任何指导意见。

三是副检察长与检察官。根据《检察长法》第 22 条规定，副检察长应协助检察长的工作，并按照检察长的要求，与皇家检察官行使相同的职权。当检察长空缺时，副检察长行使检察长的职权。另外，在检察长的委托下，副检察长也要担任一部分行政上和管理上的职责。

四是检察长与大律师。根据《检察长法》第 6 条规定，为公诉服务的大律师（Solicitor for Public Prosecutors）也是法定的职位，其职权由《检察长法》或其他法律赋予，在正确履行职责方面向检察长负责。《检察长法》第 23 条规定，大律师享有的职权为：(1) 在检察长行使检察长职权时担任法律顾问。(2) 代表检察长指导皇家检察官和其他律师。(3) 检察长和大律师可以根据《公共事务管理法》的规定聘用工作人员。

五是皇家检察官与事务律师。根据《检察官法》的规定，尽管皇家检察官是专门为检察长工作的，但具有一定的独立性。皇家检察官是检察长办公室中的高级辩护律师。当检察长没有合适的皇家检察官时，通常会定期从私人律师事务所中雇佣出庭律师来起诉一些案件。事务律师也是检察长办公室的雇员，他们为皇家检察官起诉案件做准备工作。事务律师的职责通常有：(1) 审查由警察提交的新案件；(2) 在地方法院起诉案件；(3) 为审判做准备工作；(4) 在被告人作有罪答辩或经审判后确定被告人有罪时，提起量刑听证；(5) 在审判中帮助皇家检察官；(6) 在轻微的刑事案件中针对地方法院所作出的判决提起上诉。而作为皇家检察官，其职责通常为：(1) 审查提交审判的案件并对将要审判的被告人的指控作出决定；(2) 起诉案件；(3) 向最高法院提起上诉。

（三）保障机制

检察官的职业保障，从制度层面来看，首先是行使职权方面的保障，即法律赋予的职权在司法实践中是能够预期实现的。作为一个发达的法治国家，澳大利亚的做法为：

1. 确保检察官的独立性

在澳大利亚，无论是联邦检察官还是州检察官，都具有很强的独立性。这种独立性源于检察长的独立性，独立性是公正起诉的保障。作为检察长，其职位的一个重要特征就是它的独立性，它独立于行政机关，这意味着政府不能在检察长作出是否起诉案件时指手画脚。因而，检察长在决定是否起诉时，只需以案件本身为依据，仅需考虑公共利益和证据是否充分，同时可以免除政治上的压力、既得利益集团的压力以及媒体的压力等。检察官在行使自己的职权时也是独立的。作为一个整体，他代表的是国家而不是某一个人的利益，如被害人、证人等，必须在其他不正当的影响面前保持独立（如媒体或社会游说团体等），且不受政治家们的干涉。可以说，检察官是一位司法大臣，他的职责是确保审判对所有相关的人都是公正的，包括被告人。检察官必须根据法律及检察院制定的起诉准则来行使自己的职权，在法庭上，检察官必须依法公正地呈现与起诉案件相关的所有证据，绝不允许隐藏对被告人有利的任何材料。皇家检察官作为律师，其独立性受到《检察官法》的保障，如该法第5条（1）规定，皇家检察官是代表检察长，以律师的身份出庭进行指控，同时经检察长批准，还可履行作为律师的其他职责。检察长虽可以就案件的起诉工作对皇家检察官提出指导，但不能对某一具体案件提出任何指导意见。因此，在很多方面，皇家检察官就是一位独立的律师，只不过用检察长的名义行使职权而已。

2. 身份方面的保障

若想检察权在现实中能够顺利运行，除了职权方面的保障外，还必须为行使检察权的检察官们提供身份方面的保障。由于澳大利亚的检察官都是律师，在刑事诉讼程序中，皇家检察官是主力，案件的起诉工作主要由皇家检察官来承担，皇家检察官是检察长办公室中的高级辩护律师。因此，在澳大利亚，有关皇家检察官的身份保障主要体现为：

(1) 职位的终身制。皇家检察官与检察长、副检察长和大律师一样，也是法定的职位，他们的职权都是由制定法以及其他法律来规定或授予的。根据《检察官法》第4条规定，皇家检察官属于终身任职制的职位。这些法定职位都由新南威尔士州的州长根据政府的提议来任命，每届任期7年，并应续聘至被任命者一直担任到72岁退休为止，除非出现法定的免职情形。一旦出现职位空缺，就公开招聘，符合任职资格的人都可以申请。申请皇家检察官职位的，一般至少应有10年的律师从业辩护经验，既可以是为控方辩护，也可以是为被告方辩护，或者两者兼而有之。招聘程序上的公开透明与任职的终身保障，无疑有利于确保检察官们履职时的独立性与公正性。

(2) 免职条件明文规定。在澳大利亚，一旦被任命为皇家检察官，就享有终身的职业保障，可以一直任职至退休。只有在被任命者出现法律明文规定的情形时，如精神错乱、无能力、刑事犯罪、放弃任职或破产等情况，才可能被免职解雇。具体被免职的情形规定在《检察官法》第9条中，主要分4种情况：一是皇家检察官去世，或者向州长以书面形式提出辞职，或者年龄满72岁，或者不再是澳大利亚律师；二是没有正当合适的理由，皇家检察官未能遵守《检察官法》第10条不得在外兼职从事获得报酬的工作的规定，被州长免职的；三是若皇家检察官无能力（incapacity）、不能胜任（incompetence）、行为不端（misbehaviour）或者不称职（unsatisfactory performance），州长可以免除其职位；四是如果皇家检察官破产，或出现精神错乱，或在12个月内无故旷工14天（不管是连续的还是累计的，得到总检察长同意或偶尔生病或其他不可避免的因素除外），或在新南威尔士州内犯罪被判刑12个月或以上的，州长可以免除其职位。

3. 物质方面的保障

澳大利亚的检察官在社会和民众中享有极高的威信和荣誉，除了与检察官的高素质相关外，也与检察官所享受的优厚的物质待遇密不可分。

(1) 丰厚的薪水。在澳大利亚当一名检察官，其薪水是十分丰厚的。

以新南威尔士州为例，其检察官的工资和工作环境与全州其他公共部门适用同样的标准。皇家检察官的任职直至退休，其薪水是固定的，由法律和其他报酬裁判所办公室来决定，但他们无权进行私人执业。在新南威尔士州，根据《检察官法》第12条规定，皇家检察官、大检察官和高级检察官的薪水是依据《1975年法定的及其他职位薪水法》（the Statutoryand Other Ofiices Remuneration Act 1975）来确定的，差旅费、工资津贴与补贴以及假期等则由总检察长来确定。而检察总署内其他工作人员的工资每年都由独立的机构来决定，其工作环境则通常根据总署与工作人员之间签订的企业合同（Enterprise Agreement）来确定（通过他们的联合代表）。

（2）丰厚的福利待遇。检察官的福利待遇制度，也是检察官保障制度中的重要组成部分。一个国家检察官福利待遇的高低，也可以从一个侧面反映出该职业的受重视度和欢迎度。福利待遇指的是除固定工资和津贴之外的各种物质上的补助享受、发展机会及工作环境等。鉴于检察工作的艰巨性和特殊性，在澳大利亚，检察官的福利待遇也是相当不错的。

由上述可见，在新南威尔士州，每一级别的检察官，其职权都是由《检察长法》或《检察官法》和其他法律明确予以规定的。在办理具体案件时，检察官必须根据法律规定的权限来行使，检察长、副检察长、皇家检察官和大律师是法定的职位，事务律师和其他工作人员是根据《公共事务管理法》的规定聘用的。如果某一时期的案件量特别大，在职的皇家检察官们忙不过来，经检察长决定，还可以从私人律师事务所雇佣出庭律师来起诉案件，这一做法进一步表明澳大利亚的检察官就是政府律师，而检察官当事人化是基于控辩。澳大利亚检察官的主要职权为提起公诉权，但不同级别的检察官可行使的权力大小不同，其在职业保障方面的特色为高职位的终身制与高工资高福利待遇，而这也是世界上主要国家在检察官职业保障方面的共同特点。①

---

① 李新、季美君："论澳大利亚检察官的职权与职业保障"，载《比较法研究》2017年第1期，第171页。

第三章　欧洲大陆检察官办案责任制

由于历史传统等因素，欧洲大陆社会形成了科层制权力结构。这种权力分配方式，决定了决策程序的多层性，在程序运作过程中依赖于各类法律文书，以备更高层级审核。而单级程序模式的权力运行则采取持续进行的方式。[①] 在多数大陆法系国家中，检察官属于司法官，在职业生涯中，其有资格在法院和检察院之间转换任职。[②] 在法国，检察机关内部的等级性较为鲜明，存在严格的上下等级之分，在检察机关内部呈“金字塔形”。法国检察官也被称为站席司法官，实行与法官同样的培训，接受相同的教育和理念，并且就职誓言也完全一致，从而进入职业化司法官队伍，其职权行使适用独立性原则。随着欧洲一体化的进程加快，欧洲人权法院的裁判对其检察制度的运行产生了很大影响。在 2010 年 3 月 29 日欧洲人权法院有关 Medvedyev[③] 一案的裁决中，对于检察官的司法官属性提出了质疑，该判决指出：“法国检察官并非属于欧洲人权公约所指的司法官，这主要是因为法国检察官欠缺独立于行政权之外的属性。”正是受制于上述不同因素的影响，传统意义上的检察官办案责任制模式正在逐渐发生改变，这些改变正是检察制度适应社会发展、实现自我调整的外部表现。在德国，检察机关是一个科层制的国家机关[④]，检察权属于检察首

---

① ［美］米尔吉安·R·达玛斯卡：《比较法视野中的证据制度》，吴宏耀、魏晓娜译，中国人民公安大学出版社 2006 年版，第 14-15 页。

② ［美］Michael Tonry：“比较视角下检察制度的差异性”，郭大磊译，载《国家检察官学院学报》2018 年第 1 期，第 160-163 页。

③ Medvedyev et autres and Others c. v. France, 3394/03, 29. 03. 2010, par 73.

④ ［德］克劳斯·罗科信：《刑事诉讼法》，吴丽琪译，法律出版社 2003 年版，第 63 页。

长，检察官以检察首长名义履行检察职权。检察官的任职条件规定于法官法，与法官的任职要求具有很大的相似性。但是，检察官作为法律守护人，要承担客观性义务，法律虽无明文规定其独立行使职权，但对于上级指令权的限制，使这种独立性以动态方式行使。由此，法国和德国在检察官办案责任制的具体内容上虽不尽相同，但都深刻地打下了科层独立型的烙印。

第一节　德国检察官办案责任制

从检察制度发展的历史来看，现代检察制度源于1789年法国大革命时期，并被法国1808年《拿破仑治罪法典》确立，随着拿破仑的扩张政策，传入了德国，经1848年德国革命风潮，成为德国统一前各邦共行的法制，最终规定在德国1877年公布的刑事诉讼法和法院组织法中。[①] 对于来自域外的检察制度，当时的德国并非被动接受，而是其内部主动吸收，主要是因为在19世纪初期，德国国内取消刑事纠问程序的呼声较高，而作为解放和保障民权手段的检察制度则顺理成章地从法国引入。这样的时代背景注定了德国检察制度的价值追求不同于其他国家，而是被赋予取代纠问制审判模式，坚守客观主义官署，实现法律而非国家权力的意志等使命。[②]

一、德国检察制度概论

（一）检察机关与法院

在德国，并无单独的检察院组织法和检察官法，有关检察机关的地位和职能的内容大部分规定在德国刑事诉讼法和德国法院组织法中。根据德

① 林钰雄：《刑事诉讼法学》（上），元照出版公司2013年版，第130页。

② ［德］克里斯蒂安·瓦格纳："德国检察机关"，载《中德法学论坛》第3辑，第8页。

国法院组织法规定，德国实行审检合署制，各级检察机关分别设置于同级法院之中。虽然检察机关设置于法院之中，但是检察机关与法院之间互不隶属，性质各异。根据德国基本法第 92a 条规定："司法权委托法官行使"，而检察机关则是属于三权分立政体下的行政机关。这就意味着检察机关和检察官并非如法院及法官那样享有独立的权力、得到充分的保障，而是遵循行政法基本原理，以等级化、组织化的方式运行。

（二）联邦检察机关与地方检察机关

由于德国属于联邦制国家，联邦和各州实行分权制，并处理不同的事务。各州享有相对独立和自治的权力，并且都有自身的立法机关、行政机关和司法机关。在联邦，联邦检察机关接受联邦司法部领导，而在地方（包括州和市），地方检察机关则接受地方司法部领导。这就意味着联邦检察机关与地方检察机关并非直接的上下级领导关系，也没有指导管理的权力，而是在各自的法律授权内进行活动。联邦最高检察院只负责危害国家安全犯罪、毒品犯罪、税收方面的犯罪等少数特定犯罪的侦查起诉工作，其他案件则由地方检察机关负责。当然，联邦检察机关与地方检察机关之间存在某些业务上的联系和协调，上级对下级可就一般事项及特定案件分配任务和进行指示，整个组织体系呈现出金字塔形。① 在法律规定的特殊情况下，联邦检察机关可以将其管辖的案件移交给地方检察院，也可以将地方检察院管辖的案件提交本院处理②，但必须受"法律和正义"原则的限制。③

---

① ［德］托马斯·魏根特：《德国刑事诉讼程序》，岳礼玲、温小洁译，中国政法大学出版社 2004 年版，第 38-39 页。

② 卢乐云："德国检察官为何受宠备至——德国检察官选任与考核机制见闻"，载《人民检察》2011 年第 1 期，第 86 页。

③ Mireille Delmas—Marty and J. R. Spencer，European Criminal Procedures，Cambridge UniversityPress（2002），P. 299.

（三）检察机关的内部组织和人员构成

1. 内部组织方面

有关德国检察机关内部组织及其运行的规定主要体现在联邦（州）司法部统一发布的《检察机关组织和工作规范》中，根据该规范，检察机关内部组织主要包括科、处、检察长。其中，科通常由一名检察官或职务检察官担任，处则是依照案件类型进行划分，由三个科组成，但该规范并非具有强制性，只是具有指导意义。因为具体内部组织的设定还要根据检察院的人员多少及案件数量来确定，一般来说，检察人员众多、案件数量较大的检察院组织层次较多，人员构成也较为复杂。例如，在图宾根地方检察院，在检察长之下，设置有行政处、侦查处和执行与赦免处三个处，每个处设一名主任检察官。每一处下设三个科，分别由检察官担任科长。[①] 而在规模较小的检察院，则可能采用其他的组织设置方式，如 Arnsberg 地方检察院，只设立三个处，分别负责辖区的刑事案件办理、区检察院上诉案件和执行案件。[②]

2. 人员构成方面

根据德国法院组织法第 147 条第 3 项规定，检察机关内部人员分别由检察长、检察官、司法辅助人员和书记官组成，并设置不同的任职资格和条件，但都属于国家的公务员，也就是说，德国检察机关实行人员分类管理。其中，检察官分为检察官、主任检察官、检察长三个层级，检察长是地方检察机关的首席主任检察官，主任检察官则通常是高级检察官，一般担任检察院业务部门的负责人。然而，无论是主任检察官还是检察官在法律上都是独任制官署，都以检察长名义行使职权。除此之外，在地区法院，还设有职务检察官，其职能与检察官类似，主要是协助检察官工作以

---

① 邵晖："检察一体：基于历史维度的分析"，载《人大法律评论》2013 年第 1 辑，第 77-78 页。

② 甄贞等：《检察制度比较研究》，法律出版社 2010 年版，第 187 页。

及负责不涉及公民人身权的轻罪案件，但是却不属于检察官序列。[①]

3. 检察官的任职资格

虽然德国检察官在隶属上属于司法部，但是有关检察官的任职资格却规定在法官法中，根据德国法官法第122条第1款规定，只有具有履行法官职务资格的人才能被任命为检察官。也就是说，检察官的任职资格与法官相同。根据法官的任职资格，任命检察官的人都需要先在大学里进行法律专业的学习，通过第一次考试，并且在预备职务结束后通过第二次国家考试，才具备担任法官职务的资格。第一次考试主要包括大学重点领域考试和国家必修学科的考试，第二次国家考试则有所不同，主要考虑审判、行政和法律咨询的实践，包括司法实践中必须的关键性步骤以及外语能力测试。[②]

4. 检察官的性质

根据德国基本法第92条规定，检察官属于行政机关官员，而不属于司法官，其权利和义务由公务员法加以规定，其福利待遇由工资法规定，对检察官的惩戒程序由纪律法规定。然而，检察官也并非完全意义上的行政官，在任职资格上，根据法官法的规定，检察官与法官的任职资格相同；在理念追求上，在引入检察制度之初，其法律守护者的角色和客观义务便被加以强调，[③] 这些都肯定了检察官的司法官属性。与普通行政官相比，检察官更受法治国原则之约束，但其作为公务员，具有服从上级指令的义务，如此，通说认为，检察官具有双重性地位，兼具司法和行政的性质。[④]

---

① 尹晋华、熊少敏、张步红："德国检察人员分为四大类——通过一个州检察院微观德国检察人员管理制度（上）"，载《检察日报》2005年2月22日，第4版。

② 魏武：《法德检察制度》，中国检察出版社2008年版，第320-321页。

③ ［日］川崎英明：《现代检察官论》，日本评论社1997年版，第215页。

④ 许泽天："侦查变更中之德国检察官定位"，载《检察新论》第8期，第23页。

二、德国检察官办案责任制的主要内容

检察官办案责任制，是指检察官作为基本的办案组织，在履行办案职责过程中所形成的组织关系工作机制，以及为了保障检察官客观、公正、独立地行使职权而建立的保障机制和监督机制。[①] 检察官办案责任制对于优化司法职权配置，实现人权保障和法治发展具有重要意义。

（一）检察官的职权

德国检察官的职权主要规定在德国刑事诉讼法、行政法等法律中，基于本书研究的主题，主要从刑事诉讼的角度进行分析。根据现行德国刑事诉讼法的规定，德国检察官在刑事诉讼方面的职权主要分为侦查权、公诉权和刑罚执行监督权，具体包括：（1）受理对刑事犯罪的检举；（2）领导和指挥警察进行侦查；（3）可以暂时采取拘留、逮捕、搜查、扣押等强制措施；（4）决定是否提起公诉；（5）决定不起诉；（6）在审判程序中代表国家出庭公诉；（7）在认为必要时提起上诉、抗诉和要求复审；（8）对已经生效的判决，检察官有权提出缓期执行或者监外执行的要求；（9）实施和监督刑罚执行。[②]

（二）检察官的办案方式

域外检察机关办案的基本形式可分为独任制和协同办案制两种。其中，独任制是指检察官在检察辅助人员的协助下相对独立地办理案件并作出决定；而协同办案制则是指两个以上检察官相互协调或配合办理案件。[③] 根据德国法院组织法第 144 条规定："检察官在行使职权时，法定为检察长的代理人，对外以检察长名义进行执法，无需再得检察长的授

---

① 蔡巍："检察官办案责任制比较研究"，载《人民检察》2013 年第 14 期，第 31 页。

② 程德文："德国检察官在刑事诉讼中的作用"，载《国家检察官学院学报》2006 年第 4 期，第 152 页。

③ 龙宗智："检察官办案责任制相关问题研究"，载《中国法学》2015 年第 1 期，第 85 页。

权，纵使检察官在内部关系上违背了上级的指令，其对外的诉讼行为乃发生完整的效力。”据此，德国检察官所采取的办案方式为独任制。当然，德国检察官采用独任制为基本办案方式，也与其职能内容有关，正如上文所谈，德国检察官的职权主要是侦查权、公诉权和刑罚执行权。在侦查权方面，德国检察官侦查权主要包括指挥侦查与监督侦查两个方面，而非具体实施侦查，这样的权力构造适宜于检察官独立操作；在公诉权方面，德国检察官主要是决定公诉与出庭公诉，更具有判断性和裁量性，必然要求其具有相对独立性地位；在刑罚执行权方面，德国检察官主要是指挥、监督裁判执行，而非具体实施执行业务。[①] 上述三项主要权能的性质和构造决定了其适宜采取独任制办案方式。

（三）检察官与其他人员之间的关系

1. 检察官与检察长

检察长是联邦或州检察机关的首席检察官，根据行政机关的层级化组织原则，检察长与检察官之间确立了上命下从的组织关系，也就是学术界所称的“检察一体原理”[②]。“检察一体”的组织原则将检察机关编建成金字塔形的阶层组织，以便于居于顶尖地位的长官在掌握全国检察官的同时，实现一级监督一级、一级控制一级的行政目标，[③] 从而防止检察权被滥用和统一法律适用标准。根据这一原则，检察长就下级检察官所处理的检察事务具有指令权、职务移转（收取）权，而下级检察官则有相应的服从义务及报告义务。

第一，指令权。指令权是指检察长针对职务上的事项可以对下级检察官发布的一般或个别指示的权力。这种指令可以以书面或口头方式为之，对于检察长的指令，检察官应当服从。指令权的适用范围主要集中在便宜原则方面，主要包括德国刑事诉讼法第 153 条规定的因罪责轻微而不追

① 龙宗智：“检察官办案责任制相关问题研究”，载《中国法学》2015 年第 1 期，第 86 页。

② 林钰雄：《检察官论》，法律出版社 2008 年版，第 94 页。

③ 黄东雄：《中外检察制度之比较》，“中央文物供应社” 1986 年版，第 198 页。

诉，第153条a规定的在履行负担与指示情况下的停止程序，第153条b规定的不起诉程序，第153条c规定的外国犯罪行为的不追诉，第153条d规定的政治犯罪行为的不追诉，第153条e规定的积极悔悟的不追诉以及第153条f规定的不追诉和第154条规定的不重要的附带犯罪行为[①]。检察长可以在法律规定的活动空间内，在任何时候对法律和事实状况作出评价，并以他的裁量权取代每个单独检察官的裁量。若检察官认为检察长的指令存在合法性问题，必须依据公务员法向检察长或者司法部长提出异议，除非该指令明显使其违反刑法或扰乱法治秩序或有损人格尊严[②]，否则检察官有义务遵循该指令，倘若违反或不遵守，将面临内部纪律程序的追究。然而，检察长的指令权仅具有内部拘束力，并不影响检察官违反该指令对外所采取的职务行为的效力。尽管如此，仍有德国学者提出，“为防止上级检察官不当干预下级检察官办案，其指令权的行使应当扬弃非正式方式，而应以书面方式为之”[③]。

检察长对检察官施予指令并非可以任性为之，而是受到多方面的限制。因为德国检察制度在体现“检察一体”特征的同时，也反映了检察官相对独立性的特征。[④] 一是受法定主义的限制。根据德国刑事诉讼法第152条第2款的规定，当存在犯罪嫌疑时，除法律另有规定外，检察机关负有依据职权采取措施，即使没有告发的情况下，也应当为之。该条确立了侦查（起诉）法定主义原则，对于维护法和平性和法益具有重要意义。这也就意味着检察长的指令权必须遵循法定主义的要求，因为一旦违反法定主义，该指令将使无罪之人可能受到刑事追究或者有罪之人免受刑事追究，检察官遵循此种指示也就相当于实施了犯罪。二是受诉讼阶段的限制。基于审判程序的直接言词和自由心证原则，对于出庭检察官如何作最

---

① 《德国刑事诉讼法典》，宗玉琨译，知识产权出版社2013年版，第149-152页。

② Beulke，strafprozessrecht，Heidelberg：C. F. Mtiller，2001. 54-55.

③ 许泽天：“侦查变更中之德国检察官定位”，载《检察新论》第8期，第26页

④ 黄东熊：《刑事诉讼法论》，三民书局1985年版，第217页。

后发言，以及如何评价证据结果或请求何种刑罚，检察长不应发出任何指令，而必须由检察官在审判程序中获得的直接认识自由决定。[①] 三是受处理事项性质的限制。根据检察官处理事项的性质不同，可分为事实处分和法律处分，上述性质的不同，决定了检察长指令权的适用范围。根据法院组织法的要求，检察长的指令权主要适用于法律处分，而严格限制对检察官的事实处分予以指令，即不得违反承办检察官的法律确信。四是受到法治原则的拘束[②]。德国基本法确立了法治原则，要求一切行政和司法机关都要遵循，并赋予相对人的抵抗权。倘若检察长违反法定原则予以指令，检察官则有抵抗该指令的宪法权利，因为检察官一旦接受违法的指令，则可能构成滥权追诉的犯罪。

第二，职务转移（收取）权。职务转移（收取）权是指检察长有权在辖区内的所有法院将本案检察官所处理的事务转由其他检察官办理或者自己接管履行。其法律依据是德国法院组织法第 145 条第 1 款。[③] 根据德国检察制度的组织框架，检察机关由一高级行政官员领导，因此其他检察官只是作为该高级官员的代表在处理工作事务，这就意味着该高级官员有权亲自处理工作事务或者将工作事务委托给另一检察官处理，对此，检察官必须服从检察长的指令。检察长对所属检察官的职务移转及收取权使检察官可以抗拒包含司法部长在内的外在势力对刑事诉讼过程的影响，从而

---

① See Erhard Blankenburg and Hubert Treiber. The Establishment of The Public Prosecutor' S Office in Germany, in International Journal of the Sociology of Law, 1985, pp. 12, 375-390, Academic Press Inc. Limited, p. 376.

② 《德国基本法》第 20 条国家基础条款，抵抗权：（1）德意志联邦共和国是民主的和社会福利的联邦制国家。（2）所有国家权力来自人民。通过公民选举和投票并以立法、行政和司法机关行使国家权力。（3）立法应遵循宪法秩序，行政和司法应遵守正式法律和其他法律规范。（4）对于企图废除上述秩序的任何人，如没有其他对抗措施时，所有德国人均有抵抗权。

③ ［德］克劳斯·罗科信：《德国刑事诉讼法》，吴丽琪译，三民书局 1998 年版，第 76 页。

保守其客观法律守护者的天职。①

2. 主任检察官与检察官

主任检察官是高级检察官，主要是地方检察院内设部门的负责人。在德国，一般规模的检察院只设三个级别的组织机构，即科、处和检察长。其中科是最低级别的组织机构，通常由一名检察官或一名职务检察官领导；每三个科组成一个处，由一名主任检察官领导；处长之上就是检察长。作为最低级别的办案组织，科长对其工作负独立责任，但对于其工作范围内的任何重大事项，他们必须向处长即主任检察官汇报。② 主任检察官是各部门的负责人，直接领导本部门检察官的工作，有权决定、更换、指派办案人员，有权中止案件。③

3. 书记员与检察官

书记员主要从事检察机关的行政事务和文秘等辅助工作，如按照检察官的要求承担办案中的事务工作，为检察官书写法律文书、整理档案等。在德国，根据《检察机关组织和工作规范》的要求，书记员由秘书长统一管理，不构成一个独立的部门。在检察工作中，书记员受检察官的领导，但每个书记员不是独立地为某个检察官服务，而是根据需要统一为检察官提供服务。

4. 司法辅助人员与检察官

德国的司法辅助人员制度是 1921 年由减轻法官负担法确立的，该法的目的是要让司法辅助人员代替法官和检察官行使部分职权，以减轻其负担④。此后，德国还制定了专门的司法辅助人员法。根据该法规定，司法辅助人员主要包括司法员、公务员、书记员等职员，主要从事行政事务和

---

① 朱朝亮：“从检察官天职，回首检改十年”，载《检察新论》第 1 期，第 58-60 页。

② 蔡巍：“检察官办案责任制比较研究”，载《人民检察》2013 年第 14 期，第 32 页。

③ 周理松：“法国、德国检察制度的主要特点及其借鉴”，载《人民检察》2003 年第 4 期，第 8 页。

④ 周遵友：“德国的检察制度”，载《当代检察官》2012 年第 1 期，第 6 页。

文秘等辅助工作。其中，司法员从事检察行政、司法协理和公设辩护人等项工作，一般从司法员学校毕业生中选拔录用①。检察官有权决定司法辅助人员是否承担某一执行任务，以及如何执行。对于检察官的指挥和领导，司法辅助人员应当服从。

（四）检察官的监督制约

德国检察官诉讼职权广泛，再加上其相对独立的地位，使得对其监督制约成为人们关注的所在，从而防止检察权的滥用。在职业道德上，主要是客观公正义务的要求；在行为规范上，可分为内部监督和外部监督机制。在内部，主要是自上而下的监督制约机制，即上级检察官对下级检察官的监督制约。在外部，则表现为诉讼监督模式。该模式主要由中间程序、强制起诉程序以及强制处分审查程序组成，分别对应检察官的起诉、不起诉及强制处分程序，通过上述程序从而监督检察官公诉裁量权的行使。起诉审查，又称为中间程序，是指将不符合起诉法定要件的案件阻绝在审判程序之外，防范检察官滥行提起公诉；强制起诉程序，是指法院依据申请将依照法定原则本应起诉但检察官不起诉的案件命令强制起诉。强制处分审查程序，是指法官事先介入强制处分令状的核发或者事后审查强制处分的合法性。然而，随着德国司法制度的发展，检察权的裁量性愈加强化，诉讼监督模式显现出一定的局限性。例如，在2009年，警察移送到检察院的“侦查终结”的470万件案件中，大多数案件的命运是由检察院决定的，几乎没有外部审查。②

（五）检察官的职业保障

1. 检察官的考核

根据德国公务员法规定，检察官在工作期间还要接受考核，考核一般

① 黄东熊：《中外检察制度之比较》，“中央文物供应社”1986年版，第23-24页。

② ［德］托马斯·魏根特：“检察官作用之比较研究”，张万顺译，载《中国刑事法杂志》2013年第12期，第119页。

是每半年由检察长对其工作表现作出评价，每五年还要进行一次综合评定。[①] 对普通检察官和主任检察官的评价主要由本院检察长作出。为了确保评价的客观性，对检察官的评价主要是根据检察官履行职责情况，同时，对于检察长所作的对本人的评价，检察官本人有异议的，可以向专门处理公务员人事问题的法院起诉。[②] 同时，因为检察官任职的终身性，所以考核结果对检察官并无影响，只是在升迁时具有参考价值。

2. 检察官的惩戒

虽然检察官在德国属于最为客观中立的官署，但是在办案中仍然可能会违反法律及内部组织纪律的规定。对此，除却记录检察官的办案行为外，德国检察机关内部还设有纪律委员会，通过专门的纪律诉讼程序，对检察官的执法行为进行监督，对违规行为进行惩罚，并在必要时召开由司法议员、检察机构和法院的代表参加的表决会罢免检察官。

3. 检察官的晋升

从组织管理的角度讲，检察官的晋升就是指高级检察官的选拔。在德国，主任检察官职位出现空缺以后，实行公开选拔。由于主任检察官或职位空缺的消息属于公共信息，所以应通过公开的方式公布空缺职位。一般而言，都是刊登在每月一期的州司法部公报上，从而防止未经公开而被任用。同时，为防止因检察官的独立性受到检察长的打压，检察官职务晋升或选拔由州司法部而非由检察长决定。对于检察官的工作鉴定，虽然以检察长的意见为主，但并非只有其意见，检察官的同事也要写出书面评价，这些意见汇总到一起，报司法部决定[③]。

---

① 杨世林："德国检察制度一瞥"，载《内蒙古检察》2006 年第 1 期，第 49 页

② 樊崇义等：《域外检察制度研究》，中国人民公安大学出版社 2007 年版，第 178–179 页。

③ 魏武：《法德检察制度》，中国检察出版社 2008 年版，第 322 页。

第二节　法国检察官办案责任制

作为现代检察制度发源地的法国，其检察官办案责任制久经发展，制度设置日趋成熟和稳定，并形成了独具特色的运行模式。法国检察官办案责任制所展现的制度特点和实践理性，对于我国检察官办案责任制改革提供了学习样本和参考依据。

一、法国检察制度概述

在法语中，“检察”（Le Parquet）与“地板”用同一个词来表示，这一用法并非没有任何意义。在中世纪，检察官作为国王的代理人，不能与法官在同一审判席就座而只能在“地板”上进行诉讼，由此检察官又被称为“站席法官”①。早在文艺复兴时期，检察官便出现在法国立法中，其来源主要是巴黎最高法院中的国王代理人。此后，根据法国《路易十四刑事条例》，在最高审判机关中设立总检察官，在各级审判机关中设立检察官和辅助检察官，对刑事案件行使侦查、起诉权。② 1808 年，拿破仑颁布的刑事诉讼法典则明确将犯罪侦查权和追诉权授予检察官，法国现代检察制度终告确立③。

在法国，检察机关并非单独设置，而是实行审检合一，这种合一主要是从办公场所设置上进行的概括。实际上检察机关与合署的法院之间并不存在任何领导关系。此外，检察机关的设置也并非与法院系统一一对应④，如在治安法院、违警罪法院、重罪法院中并不设置专职检察官，在

---

① 宋英辉等：《外国刑事诉讼法》，法律出版社 2011 年版，第 188 页。

② 魏武：“法国检察官：为何叫‘站着的司法官’?”，载《检察日报》2007 年 1 月 8 日，第 4 版。

③ 邵晖：“检察一体的历史与现实”，载《国家检察官学院学报》2013 年第 1 期，第 88 页。

④ 王雅琴：“别具特色的法国司法制度”，载《学习时报》2014 年 10 月 27 日，第 A2 版。

具体的案件诉讼中主要借用驻其他法院的检察官。[①] 驻大审法院检察院则由一名共和国检察官、若干名助理检察官组成，其中驻大审法院共和国检察官领导本院检察官，并且在同一大审法院任职不得超过7年；驻上诉法院检察院则由一名检察长和数名检察官及助理检察官组成，驻上诉法院检察院检察长不仅领导本院检察官工作，而且还领导驻大审法院检察长；驻最高法院检察院则由一名总检察长、若干名总律师和检察官组成，驻最高法院检察长由司法部部长领导，其对驻上诉法院检察长并不具有任何领导权。[②]

在法国，检察官包括驻最高法院检察长、驻上诉法院检察长、驻大审法院共和国检察官及代理检察官，实行员额制管理，在社会中享有较高的声誉和公信力[③]。然而，有关检察官的性质却一致存在争议。起初，根据法国1958年宪法第8篇规定，司法官仅限于法官，而并不包括检察官。同时，基于检察官隶属于行政部，也就等同于行政人员，遵守上命下从原则的检察官与拥有完全独立地位的法官存在明显区别[④]。然而，在此后颁布的司法官组织法中，却将检察官赋予司法官的身份，并与法官享有相同的权利和义务。[⑤] 直到1993年，法国宪法委员会解释认为，“因为检察官作为法律的看门人，其主要功能在于保障公民权利，所以法国宪法第66条所规定的司法权，对于检察官一并适用。该解释系在宪法层面首次承认检察官的司法官性质”[⑥]。然而，在2010年3月29日欧洲人权法院有关Medvedyev[⑦] 一案的裁决中，对于检察官的司法官属性提出了质疑，该判

① 金邦贵：《法国司法制度》，法律出版社2008年，第276-287页。

② 魏武：《法德检察制度》，中国检察出版社2008年版，第22页。

③ 徐昕：《法国司法前沿》，厦门大学出版社2013年版，第406-407页。

④ 甄贞等：《检察制度比较研究》，法律出版社2010年版，第62页。

⑤ 万毅：“法国检察官的身份之谜”，载《检察日报》2015年8月4日，第3版。

⑥ 樊崇义等编：《域外检察制度研究》，中国人民公安大学出版社2008年版，第133-136页。

⑦ Medvedyev et autres and Others c. v. France, 3394/03, 29.03.2010, par 73.

决指出："法国检察官并非属于欧洲人权公约所指的司法官，这主要是因为法国检察官欠缺独立于行政权之外的属性。"也就是说，欧洲人权法院对司法官属性的认识与法国学界并不一致，法国主要是从司法官的职能设置上进行区分，而欧洲人权法院则是从司法官的身份独立上进行界定，这种界定角度的不同，自然得出不同的结论。

二、法国检察官的主要职权

在法国，法律赋予检察官的职权较为广泛，涉及民事、行政和刑事诉讼等领域。其中，在刑事诉讼领域，检察官基本参与诉讼全过程，拥有侦查、裁量起诉与程序选择、刑罚执行等权力。

（一）侦查权

法国检察官的侦查权包括直接侦查权和指挥侦查权。其中，直接侦查权系检察官接受报案控告材料，实施侦查追诉活动的权力；指挥侦查权则是在侦查活动中指挥司法警官和司法警察从事侦查活动并予以监督的权力。法国刑事诉讼法第41条规定："共和国检察官应当进行或使人进行一切必要的行动，对触犯刑法的罪行进行追查和起诉，并有权指挥所在法院管辖区内司法警察官和司法警察的活动。"这就赋予了检察官对刑事犯罪的直接侦查权和指挥侦查权。具体包括案件受理权、调查权和部分强制措施决定权。根据法国刑事诉讼法第19条规定，"司法警察在知悉发生重罪、轻罪和违警罪后，有义务立即报告共和国检察官"。检察官获悉案件信息后决定是否开展调查，此类调查可分为现行犯罪调查和初步调查两种形式，其中，初步调查是基于人员的明示或默示的同意原则，而且在住所内进行搜查、查看或扣押物证的行为。[①] 如果检察官或其助理并不抵达现场，则司法警察自己进行调查并向检察官报告，并将收集到和犯罪有关的

① Bernard Bouloc, *Procedure penale*, 20e edition, dalloz 2006, p. 403.

各种材料都要集中报送给该区的共和国检察官。[①] 如果检察官或其助理抵达现场，则司法警察的调查权自动解除。同时，在司法警察调查过程中要接受检察官的全程监督[②]。此外，共和国检察官还可以下令采取搜查和扣押等强制措施。

（二）公诉权

公诉权是指检察官代表国家对犯罪嫌疑人进行追诉的请求权，它包括起诉、不起诉和其他程序选择权。根据法国刑事诉讼法第 31 条、第 32 条规定，对于应当追诉的犯罪，检察官必须亲自或指派一名代理检察官出庭支持公诉，请求适用法律，并参加审判法庭的辩论。然而，无论犯罪多么严重，法国检察官都不受强制起诉原则的约束，他可以基于起诉便宜或者证据或者政策等因素终止案件。但是，追诉决定一旦作出，便不可撤销，只有经过法官裁判才可终结案件[③]。判决作出后，如果检察官认为法院的裁判不当或具有明显的错误，根据刑事诉讼法第 568 条第 1 款规定，对审判庭的裁判以及对重罪、轻罪和违警罪的终审裁判不服，均有权向最高法院提出上诉[④]。随着犯罪数量的剧增，迫使检察机关大规模地撤销案件，其中追诉替代措施是其中重要方面。根据法国刑事诉讼法第 41-1 条规定，如果共和国检察官认为采取以下措施能够确保赔偿被害人受到的损害并终止因犯罪造成的骚乱，或者有助于犯罪人回归社会，在其就公诉作出决定之前，可采取追诉替代方法和附条件地撤销案件。主要方法包括：法律提醒，将犯罪行为人移交给卫生（社会、职业救助）机构，将导致违法行为的非法状况合法化，请求犯罪行为人赔偿因犯罪造成的损害，经各方当

---

① 甄贞、宋沙："法国检察机关的职能与最新发展"，载《人民检察》2012 年第 1 期，第 68 页。

② 施鹏鹏："法国检察监督制度研究——兼与中国的比较"，载《暨南学报》2010 年第 5 期，第 2 页。

③ Robert Vouin, *The role of the prosecutor in French criminal trials*. American Journal of Comparative Law, 1970 (18): pp. 483-497.

④ 黄维智、王永贵："两大法系检察理论之比较研究"，载《天府新论》2012 年第 2 期，第 84 页。

事人的同意，派人在犯罪行为人与被害人之间进行调解。这里需要强调的是，刑事调解程序一般适用于轻微犯罪。[①]

（三）执行司法判决权

对于法院的最终判决需要经过检察官的申请后方可执行。根据法国刑事诉讼法第 32 条第 3 款规定，检察机关负责判决的执行。法国刑事诉讼法第 707-1 条规定，检察院及各当事人执行与各自相关的判决。据此检察机关拥有刑罚执行的全权。法国刑事诉讼法第 709 条规定，共和国检察官和检察长有权直接要求公共力量协助，以确保判决的执行。具体内容包括：驻大审法院共和国检察官负责其管辖区内违警法院、轻罪法院、青少年法院以及管辖区内重罪法院所宣布之量刑的执行；而驻上诉法院检察院检察长则负责上诉法院及管辖区内重罪法院所宣布之量刑的执行；其他刑罚如告示、公告、充公、关闭企业、剥夺民事权利等由检察官直接执行[②]。此外，检察官还对监狱的运行进行定期视察和监督。

三、法国检察官办案责任制的主要内容

检察官办案责任制，是指检察官作为基本的办案组织，在履行办案职责过程中形成的组织关系、工作机制，以及为了保障检察官客观、公正、独立地行使职权而建立的保障机制和监督机制。[③] 据此，检察官办案责任制可分为检察官决策机制、检察官保障机制和检察官责任机制。

---

① ［法］杰奎琳·霍奇森：“法国检察官的独立性基于新近扩权改革的多重质疑”，朱奎彬译，载《交大法学》2011 年第 2 卷，第 193-228 页。

② 施鹏鹏：《法律改革，走向新的程序平衡》，中国政法大学出版社 2013 年版，192-193 页。

③ 蔡巍：“检察官办案责任制比较研究”，载《人民检察》2013 年第 14 期，第 31 页。

(一) 检察官决策机制的等级性和独立性

1. 检察官决策机制的等级性

检察等级化又称为检察一体，是指“依一体性及不可分性而对检察制度予以构建之原理”[①]。根据法国《关于司法官地位组织法 1958 年 12 月 22 日第 58-1270 号条例》第 5 条规定，检察院的司法官由其上级领导和监督，并被置于护玺大臣即司法部长的权威下，在庭审中，检察院司法官自由陈述。这就意味着法国检察官被置于以司法部长为顶点的上命下从的等级化体系中[②]。具体可通过司法部长与检察官、检察长（共和国检察官）与检察官关系来体现。

(1) 司法部长与检察官。在法国，司法部长处于检察系统的顶端，政治上对检察机关的运作负责，主要负责引导政府确定公诉政策，监督刑事司法体制的良性运作，具体体现在司法部长的指令权。首先，在指令权的内容上，司法部长的指令可以分为一般指令和个别指令。其中一般指令主要是以通函形式向检察机关发出的旨在保障地方犯罪预防和惩罚政策的指令，个别指令则是指对刑事追诉个案的具体指示权。其次，在指令权的对象上，主要是驻最高法院检察长、驻上诉法院检察长和驻大审法院共和国检察官，对于各级检察院的代理检察官只能发布一般指令而不能发布具体指令。再次，在指令权的行使方式上，应当是书面的，并归入诉讼卷宗。法国刑事诉讼法第 30 条规定，司法部长向检察长揭露其知悉的违反刑法的犯罪行为，并附以诉讼卷宗的书面指令，命令检察长提起或者指派检察官提起追诉或者向有管辖权的法院提出部长认为适当的书面请求。同时，为了使司法部长获得评估刑事政策的执行情况，检察长应向司法部长通报一般指令的执行情况和重要案件的追诉情况。如果检察官（包括各级检察长）不服从司法部长的指令，则将受到命令提醒、调职、降级甚

---

① 邵晖：“‘检察一体’基于历史维度的分析”，载《人大法律评论》2013 年第 1 期，第 78-79 页。

② Christine Lazerges, *Figures du parquet*, Pairs: University Presses of France, 2005, p. 67.

至撤职的纪律制裁，司法部长在采取纪律制裁之前应获得驻最高法院检察长主持的最高司法官委员会检察官事务机构的意见，不过该意见对司法部长并不具有约束力。

（2）检察长与检察官。在法国，检察长包括驻最高法院检察长、驻上诉法院检察长和驻大审法院共和国检察官，而普通检察官则包括上述检察院的代理检察官和助理检察官。根据法国刑事诉讼法规定，行使检察权的主体是检察机关这一集合性组织，同时，根据法国司法组织法第 L. 122-4 条规定，共和国检察官本人或通过其助理，代表驻大审法院检察机关；第 L. 312-7 条规定，检察长本人或通过其助理，代表驻上诉法院检察机关①。这就意味着在检察院内部实行检察长负责制，检察官具有相对独立地位。同一检察院的检察长与检察官之间，主要存在指令权和职务转移权。一是检察长对检察官的指令权。根据法国刑事诉讼法第 37 条规定，驻上诉法院检察长对上诉法院辖区内各检察院的所有官员都拥有上司之权；第 44 条规定，共和国检察官对其管辖区域内的违警罪法院的检察院官员享有上司的权力。这就意味着检察长（共和国检察官）可以通过书面指令或提交诉讼归档的方式要求下属检察官进行追诉，或者在其认为合适的时候向有管辖权的审判机关提起书面的诉讼请求。二是职务转移权。每个检察官作出的决定都被认为是该院检察长作出的决定。检察长有责任在其检察院内确保执法工作的完整性。检察长可以将本案检察官负责的事务转由其他检察官行使。因为检察官在诉讼过程中所实施的诉讼行为都是以检察院整体名义进行的②，因此，检察人员在同一案件中的诉讼行为可以互相替代，不同的诉讼行为也可以由不同的检察官实施。同样，检察官上下级之间的等级化关系还意味着下级需要向直接上级就重大案件进行汇报，以便

① Perrot, Roger, *Institutions judiciaires*. 12 edtion. Paris: Montschrestien, 2006, p. 407.

② 王新环：“法国检察官和法官是如何工作的”，载《法制日报》2009 年 7 月 16 日，周末版。

获得上级指示。①

2. 检察官决策机制的独立性

检察官决策机制的独立性不仅仅是指检察官独立于行政机关或者检察官独立于诉讼当事人、社会及其他团体，还包括检察官决策机制运行上与上级领导者之间的独立性。这种独立性主要是基于一种独立的诉讼地位以及基于该独立性地位所具有的独立判断权和表达权。具体体现在检察官积极意义上的固有权、决定权和表达权以及消极意义上上级指令的限制权。第一，检察长的固有权。这一权限主要是基于法律的保留原则，只能由检察长行使。例如，起诉裁量权就被认为是检察长的固有权限，即使违背司法部长的指令，仍属有效。第二，"文本服从、言论自由"原则。② 根据法国刑事诉讼法第 33 条规定，检察官在制作书面起诉书时要受到刑事诉讼法第 36 条、第 37 条和第 44 条作出的指令限制，但是在法庭上进行口头陈述时则不受该指令的限制，而是有权根据个人的内心确信，在庭审中口头开展他们的论据，甚至可以支持其书面结论拒绝采纳的意见，提出公诉意见之外的个人看法。第三，上级指令的限制权。根据法国刑事诉讼法第 30 条规定，司法部长可以向检察长揭露其知悉的违反刑法的犯罪行为，并以附于诉讼案卷的书面指令，命令检察长提起或指派检察官提起公诉或者向有管辖权的法院提起部长认为适当的书面请求。这意味着司法部长的个案指令权将受到不得指令检察长不起诉和以书面方式行使并且入卷两个方面的限制，然而，由于司法部长对检察官晋升和职业惩戒的影响，同时，指令的层级文化和隶属性难以被打破，以至于内部不公开的非正式交流常常被视为司法部长的指令，难以受到规制。③

---

① [荷] 皮特 . J. P. 泰克：《欧盟成员国检察机关的任务和权力》，吕清、马鹏飞译，中国检察出版社 2007 年版，第 104-105 页。

② 刘晓媛、禹枫："法日上下级检察机关关系可资借鉴"，载《检察日报》2014 年 6 月 3 日，第 3 版。

③ [英] 霍奇森："法国刑事司法——侦查与起诉的比较研究"，张小玲、汪海燕译，中国政法大学出版社 2012 年版，第 105 页。

（二）检察官保障机制的司法性和行政性

检察官保障机制的司法性和行政性主要是从检察官与法官以及检察官与一般行政机关公务员保障机制的角度进行的比较。检察官的保障机制在内容上可分为人、财、物三种，其中每一种又包括多项内容，为论述方便，主要从法国检察官的资格保障、行为保障和福利保障三个角度进行论述。

1. 检察官的资格保障

根据法国司法官组织法规定，检察官与法官实行同一任职资格、同一培训条件、同一宣誓誓词，由同一管理机构规制，并遵守同样的道德义务和法律规则。在任职资格上，检察官和法官都需满足一定的法学学历条件及国籍、公民权利等要求。在培训条件上，检察官和法官候选人需要经过选拔考试进而进入国家司法官学校接受职业培训，这一职业培训包括专业培训和实习培训，培训结束后，可以担任检察官，也可以担任法官，检察官和法官相互转换不存在制度上的障碍。在宣誓誓词上，检察官与法官也相同，都要在任职前进行宣誓。在管理机构上，检察官和法官都要接受依据宪法而成立的最高司法官委员会的管理，最高司法官委员会的法定成员包括总统和司法部长，除此之外，还有 10 名司法官和 11 名外界人员①。根据 2008 年 7 月 23 日和 2010 年 7 月 22 日出台的宪法修正案，从 2011 年 2 月 3 日起，所有检察官，不分级别，都归国会管理。② 同时，对检察官的考评内容、考评程序和考评结果运用等内容与法官也高度一致。③

2. 检察官的行为保障

检察官的行为保障主要是指检察官在履行法定职责时的行为自由和权

---

① ［法］皮埃尔·特鲁仕：《法国司法制度》，丁伟译，北京大学出版社 2012 年版，第 29 页。

② ［法］马克·让·克洛德：“寻找检察改革的突破口”，代秋影译，载《人民法院报》2013 年 8 月 16 日，第 6 版。

③ 孙琴、刘俊：“法国司法官考评制度及其适用”，载《人民检察》2013 年第 7 期，第 64-67 页。

利保护。根据法国司法官组织法规定，检察官的行为保障主要有以下方面：一是检察官履行或执行职务时受到保护，不得对其作出任何威胁、恐吓和攻击。二是在法律没有规定给予检察官补贴时，国家应补偿检察官因此而遭受的直接损害。三是检察官在履行职责时不得因诉讼结果而被追究刑事责任、民事责任或纪律惩戒责任。四是检察官除服兵役外，不得被征调从事职务之外的其他工作。五是检察官如果错误实行公诉，不需要承担任何责任。①

3. 检察官的福利保障

在法国，对检察官的预算实行与法官统一的司法预算和管理。除职责不同外，检察官的工资待遇与法官是相同的。同时，检察院的财务部门不属于其内设机构，而是独立于检察机关之外，由上级检察机关所在地的司法行政部门负责。② 在法国，检察官的工资起点与较高级公务员的工资相等，从而使其履行职责无后顾之忧。同时，与其他一般行政机关公务员相同，检察官的任职期限具有一定的流动性，并非如法官任职所具有的终身性。

（三）检察官责任机制的多样化和层次化

检察官责任制机制的多样化和层次化是指根据过错程度及行为性质的不同，检察官的责任分为不同种类。同时，在每一种类内部分为不同的层次，检察官责任机制的多样化和层次化遵循了检察官权责利相统一原则，有利于确保检察权的自我抑制和内敛。

1. 检察官的纪律制裁

根据法国司法官组织法第48条规定，司法部长行使对检察官的惩戒权。据此，在最高司法官委员会中设置了检察官纪律惩戒机构，其中驻最高法院检察长任该机构主席。具体程序是，司法部长在收到对检察官的控告或获得有关事实后，应将处理意见征求最高司法官委员会检察官纪律惩

① 陈丽莉：“法国的检察官制度”，载《法学杂志》2008年第6期，第96页。

② 朱孝清、张智辉：《检察学》，中国检察出版社2010年版，第267页。

戒机构的意见。除保护公共秩序或私生活必要，或存在损害司法利益等特殊情况的，最高司法官委员会检察官纪律惩戒机构应当公开听审，进而作出关于纪律制裁的附具理由的意见，并将此意见转交司法部长，司法部长据此以行政决定方式通知有关司法官①。对检察官的纪律惩戒包括以下方面：训诫并记入档案、调离现职、解除部分职权、降级、降职、勒令退休或允许辞职并取消享受退休金的权利、撤职或撤职并取消退休金的权利。对于司法部长的上述决定，检察官有权以正式方式获得通知，如果不服可向法国最高行政法院寻求救济。

2. 检察官的刑事责任

检察官在履行职责时如果实施了职务犯罪行为，要承担一定的刑事责任。例如，法国刑法第434-9条规定，司法官在任何时候，直接或间接地索要或认可为本人或他人利益之奉送、许诺、赠礼、馈赠或其他任何好处，以完成或放弃完成属于其职责范围内行为的，处以10年以上监禁并处150000欧元罚金。2007年，法国又颁布了反腐败法，增设了“为自己及为他人”谋利益以及“司法人员利用影响力交易的行贿及受贿犯罪”②。同时，法国还对检察官在履行职责过程中拒绝审判或权力滥用行为进行刑事处罚。

第三节　俄罗斯检察官办案责任制

从我国检察制度的历史发展来看，苏联检察官办案责任制对于我国检察制度的影响较为普遍和广泛。苏联解体后，俄罗斯检察机关在继承其基本框架的前提下通过不断改革，进而形成了独具特色的检察官办案机制。通过对俄罗斯检察官办案责任制的文本梳理和制度分析，进而为我国检察官办案责任制的未来改革提供有益借鉴和参考。

---

① Serge Guinchard, *Institutions Juridictionnells*. Paris : Dalloz 2007, pp. 827-828.

② 施鹏鹏、谢鹏程：“法国有一套严格的司法官惩戒程序”，载《检察日报》2015年1月20日，第3版。

一、俄罗斯检察制度概述

（一）俄罗斯检察制度的历史发展

俄罗斯横跨亚欧大陆，是世界上具有重要影响力的国家之一。俄罗斯的前身系苏联，其检察制度对我国检察制度的建立和发展影响深刻。近些年俄罗斯检察制度不断改革，并独具特色。从历史上看，俄罗斯检察制度萌芽在18世纪沙皇俄国时期，由彼得大帝所创立，其根源主要是基于沙皇对检察官的信任，在肯定检察官刑事诉讼功能的同时，还赋予其维护国家利益，保护租税征收予以监督的职责。① 1917年，俄国发生十月革命，政治体制发生了根本变革，但是在革命成功初期，其政权建设并未定型，尚未组建检察机关。直到1926年，才颁布第一部检察院组织法——《苏俄检察监督条例》，由此承载一般监督职能的检察机关宣告成立。② 根据该条例规定，检察机关应当履行一般监督职能，并协助同犯罪活动做斗争的一切机关的活动，并对调查机关实行领导和监督。③ 此后，虽然苏联检察制度不断调整和改革，但并未改变其一般法律监督机关的性质和定位。1991年12月25日，苏联宣布解体，随着政治体制的再次变革，脱胎于苏联的俄罗斯检察制度宣告新生。1995年11月17日，俄罗斯联邦检察院法颁布实施，标志着俄罗斯检察制度的成型。此后，经多次修订不断趋于完善④。

（二）俄罗斯检察机关的性质

根据俄罗斯联邦宪法规定，俄罗斯联邦确立了“三权分立”的政治体制。然而，在“三权分立”的政治体制下，俄罗斯检察机关在属于司

---

① ［日］大木雅夫：《比较法》，范瑜译，法律出版社1999年版，第356页。

② ［俄］Ю. Е. 维诺库罗夫：《检察监督》（第七版），刘向文译，中国检察出版社2009年版，第4页。

③ 晏向华：《检察职能研究》，中国人民公安大学出版社2007年版，第109页。

④ 黄道秀：“俄罗斯联邦检察院法（上）”，载《国家检察官学院学报》2015年第4期，第166-167页。

法机关抑或其他机关上存在较大的争议。肯定者认为，俄罗斯检察机关与法院一起属于司法权的组成部分，所不同的是法院是专门行使审判权的国家权力机关，而检察院是专门行使法律监督权的国家机关。[①] 其主要理由是有关俄罗斯检察机关的规定主要见于俄罗斯联邦宪法第7章，该章名称为司法权。然而，随着2014年2月5日俄罗斯联邦通过《关于俄罗斯联邦最高法院和俄罗斯联邦检察机关的俄罗斯联邦宪法修正案法》，肯定者逐渐减少，多数学者将其作为与司法权并列的法律监督权。因为在这次修订中，将第7章的“司法权”名称修改为“司法权和检察机关”。将检察机关和司法机关并列规定，彰显了其独特性质，进而否定了检察机关属于司法机关，检察权属于司法权的观点。[②] 然而，对于检察机关的性质能否仅仅依凭法律名称的修订而有所改变，笔者对此持怀疑态度。因为无论从俄罗斯“三权分立”的政治体制来看，还是从俄罗斯检察机关的具体职权来看，其性质都与苏联有关检察机关的法律监督属性完全不同。首先，其审判监督权已然被取消，从而确立了审判中心主义诉讼架构；其次，其侦查权也被缩减，侦查监督职能更为重要的是展现检警关系。最后，其一般监督权的范围受到限制，无从对立法机关进行监督。因此，虽然在法律上将检察机关定位于法律监督机关，但需注意这种内涵与苏联是有根本区别的。

(三) 俄罗斯检察院的组织及其内设机构

根据俄罗斯联邦检察院法规定，俄罗斯联邦检察体系主要可分为三级：第一级是俄罗斯联邦总检察院；第二级是俄罗斯联邦主体检察院[③]，以及相当于该级别的军事检察院和其他的专门检察院；第三级是区（市）

---

① 黄道秀：《俄罗斯法研究》（第一辑），中国政法大学出版社2013年版，第257页。

② 王圭宇：“检察机关：俄罗斯联邦的‘护法机关’”，载《检察日报》2015年9月15日，第3版。

③ 俄罗斯联邦主体检察院是指俄罗斯联邦共和国检察院、边疆区检察院、州检察院、联邦直辖市检察院、自治州检察院、自治专区检察院。

检察院，和相当于区（市）检察院级别的专门检察院。① 其中，俄罗斯联邦总检察院由总检察长、副总检察长、检察院工作人员组成。总检察长由俄罗斯联邦议会根据联邦总统的提议任免，任期5年。联邦总检察院下设总局、局和局级处，其中总局局长是检察长的高级助理，局和局级处长则是检察长的助理。联邦主体检察院则由检察长、副检察长、检察官组成，同时在联邦主体检察院设局和处，其中局（处）长是主体检察院检察长的高级助理。联邦主体检察院检察长由联邦总检察长与相应联邦主体的国家权力机关协商后任命。区（市）检察院则设部分科室，其中科长是检察长的高级助理，副科长为助理。俄罗斯检察机关实行一长负责制，即各级检察长对本院的工作负完全责任。除一长负责制外，还设有检察院院务委员会，协助检察长工作。依据职权范围和工作流程的不同，俄罗斯检察机关设有检察事务部门和检察行政部门，其中检察事务部门包括：一般法律监督部门、民事审判监督部门等，检察行政部门主要包括：法规整理与宣传、财物管理、干部管理、总务管理等部门。②

二、俄罗斯检察机关的诉讼职权

根据俄罗斯联邦宪法和俄罗斯联邦检察院法规定，俄罗斯检察机关的职权较为广泛，统称为检察监督，具体包括：监督法律的执行、对遵守公民权利和自由的监督、对从事侦查（调查）活动和侦查机关执行法律活动的监督、对刑罚执行活动的监督。也就是说，俄罗斯检察机关的职权可分为一般监督权和诉讼监督权。基于本书的研究主题，主要关注俄罗斯检察机关的诉讼职权。

（一）侦查监督权

俄罗斯于2007年进行侦查体制改革，将侦查权从检察院剥离，由新

① 刘春萍：《转型期的俄罗斯联邦行政法》，法律出版社2005年版，第168页。

② 何家弘：《从它山到本土：刑事司法考究》，中国法制出版社2008年版，第294页。

成立的俄罗斯联邦侦查委员会统一行使[①]。根据联邦检察院法规定，检察长对从事侦缉活动、调查和侦查的机关执行法律情况进行监督。监督的主要对象是：公民的权利和自由是否得到遵守，关于已经实施的和正在预备的犯罪举报、完成侦缉和进行调查的规定审理程序是否得到遵守，以及进行侦缉活动、调查和侦查的机关所作出的决定是否合法。为保证侦查监督的有效性，法律授权检察长可以随时进入侦查机关进行调查，并对被采取强制措施的人进行询问，查阅相关侦查文件和材料，并审查上述机关的命令、决定是否符合联邦立法，并有权下达指令，该指令必须执行。

（二）公诉权

公诉权也被称为参与法院审理的权力，包括起诉权和上诉权。在俄罗斯，检察长有权作为国家公诉人以国家的名义对被告人提起公诉，并出席审判庭支持公诉，举证证明被告人所实施的犯罪行为。[②] 在诉讼中，检察长承担举证责任，必须向法庭提供充分的证据证明指控的犯罪事实，以使法官（陪审团）达到内心确信被告人有罪，否则法庭将会根据无罪推定原则判决被告人无罪。原则上，对于所有的公诉案件，检察长都应出庭支持公诉。然而，由于检察长人数的限制，为了缓解案多人少的压力，俄罗斯联邦刑事诉讼法对检察长强制出庭作出了变通规定，即对于未经侦查而只进行调查的案件，检察长有权委托该案的调查人员或者侦查员出庭，以国家的名义支持公诉，参加庭审并承担证明责任。此外，检察长还拥有一定程度的起诉裁量权，即对于涉嫌实施轻罪或者中等严重的犯罪而应受刑事追究的人，如果该行为人与被害人和解并已实际弥补了被害人的损失，以及因形势改变，或者因被追究者的积极悔过，检察长有权对行为人终止刑事追究。在上诉权方面，检察长如果对法院裁判不服，有权在法定的期限内向第一上诉审法院或第二上诉审法院提起抗诉。这种上诉行为并非行

① “俄罗斯联邦侦查委员会法”，黄道秀译，载《国家检察官学院学报》2014年第3期，第136页。

② 《俄罗斯联邦刑事诉讼法典》，黄道秀译，中国政法大学出版社2003年版，第32页。

使法律监督职能，而只是作为一方当事人应有的一项权限而已。[①]

（三）刑罚执行监督权

俄罗斯检察机关的刑罚执行监督范围较为广泛，具体包括：对实施羁押、监禁以及其他强制措施的机关和机构中人员设置是否合法的监督、对非剥夺自由类刑罚执行合法性监督等内容。在实施上述监督时，检察长有权要求上述机关和机构的行政部门创造条件，保障被羁押、监禁、判刑者和接受强制措施者的权利，有权下达将被剥夺自由者从处罚隔离室、单身囚室和违纪隔离室释放出来的命令。检察长或副检察长还有权下达命令释放被非法关押在执行刑罚和强制措施机构中的人员，或遭受非法拘留、逮捕、强制性医疗措施的人员。[②] 此外，根据俄罗斯联邦 2003 年制定的《关于对执行刑罚在看守所羁押犯罪嫌疑人和被告人时遵守法律实施情况实施检察监督的组织命令》规定，对劳动改造，看守人员法制状况进行检察时，重点对是否侮辱人格、专横独行，残酷的虐待被挤压着的行为进行检查。[③] 目的在于使其依照法定根据，并遵守法定程序和羁押条件，羁押被拘留、逮捕者，保障上述人员的权利和义务。

三、俄罗斯检察机关的办案机制

（一）检察机关的办案组织

根据俄罗斯联邦检察院法和俄罗斯联邦刑事诉讼法规定，检察机关办案组织实行检察长负责制，即各级检察长对本院检察人员的工作负完全责任。检察长是检察职权的法定行使者，承担侦查监督、公诉和刑罚执行监督等职责。在俄罗斯，检察长不仅仅是指俄罗斯各级检察机关的首长——

---

① 尹丽华：“角色转换：俄罗斯刑事诉讼中检察机关的地位与权限”，载《法学评论》2007 年第 2 期，第 95 页。

② 孙记、李春季：“论苏俄检察制度的变迁及其对我国的启示”，载《俄罗斯中亚东欧研究》2010 年第 2 期，第 8 页。

③ ［俄］IO. E. 维诺库罗夫：《检察监督》（第七版），刘向文译，中国检察出版社 2009 年版，第 248 页。

首席检察长，还包括能够以检察长身份参加刑事诉讼的副检察长、下属检察长、高级助理和助理。俄罗斯联邦检察院法第 54 条第 1 款规定，检察长是指俄罗斯联邦总检察长及其顾问、高级助理、助理、负责特别委托的助理，所有下级检察长以及副检察长、负责特别委托的检察长助理、检察长的高级助理和助理以及在自己职权范围内实施活动的各局、处的高级检察官和检察官、高级刑事检察官和刑事检察官。由此可见，在俄罗斯，检察长是一个资格概念，而非职务概念。

（二）检察机关的运行机制

1. 检察长与检察官

根据俄罗斯联邦检察院法第 4 条第 1 款规定，俄罗斯联邦检察机关按照下级检察长服从上级检察长和俄罗斯联邦总检察长的原则进行工作，从而确立了检察机关自下而上的一体化领导体制。在俄罗斯，检察官根据级别和担任职务的不同，成为检察长的高级助理和助理，对外以检察长名义履行职务。检察长与检察官之间存在绝对的领导关系，这种领导关系主要通过人事任免和业务领导予以实施。一是在人事任免上，俄罗斯联邦检察院法赋予了检察长绝对权威。俄罗斯联邦总检察长领导俄罗斯联邦检察院工作，并可对本院总局局长、处长、副局长、副处长进行任命和解除职务，同时，还可与俄罗斯主体国家权力机关协商确定俄罗斯主体检察长的职务，并对主体检察院的副检察长、市辖区检察长的职务进行任免。俄罗斯主体检察院检察长可任免除副检察长以外的其他工作人员职务，以及对下级检察院的副检察长、处长等进行任免。二是在检察业务领导上，检察长具有绝对的领导权。首先，法律明确规定检察长是法律监督权的行使主体，其在实施侦查监督、刑法执行监督和提起公诉时代表国家履行职务，有权亲自侦查监督、出席法庭提起诉讼、要求刑罚执行机关保障被羁押者权利。其次，指挥监督权。所谓指挥监督，是指检察官在履行职责时要接受检察长的指挥和监督，这是检察长负责制的必然要求。例如，在审前程序中，对于检察官是否提起诉讼需要经过检察长的同意，并按照程序撤销下级检察长、侦查员非法的或没有根据的决定。再次，职务代理权。所谓职务代理权，是指检察官作为检察长的助理，可以在法定范围内代理检察长职务。例如，检察官受检察长的委托，检察官以国家名义在审理刑事案件的法庭上支持公诉，当然，部分权限只能由检察长行使，检察官无从代理。例如，检察长在职权范围内有权对非法的和证据不足的民事和刑事判决、裁定和决定提出抗诉，而其助理只有权对他们参加审理的案件提出抗诉。最后，职务转移权。所谓职务转移权，是指检察长可以将一检察官职务转移给其他检察官行使。检察长认为检察官违反俄罗斯联邦刑事诉讼法后，有权停止他们的工作，并将刑事案件从一个检察官移送给另一个检察官，但这样的移送必须说明理由。

2. 检察长与检察委员会

根据俄罗斯联邦检察院法第 14 条第 3 款规定，俄罗斯联邦总检察院设立检察委员会，由俄罗斯联邦总检察长（担任主任）、第一副总检察长和副总检察长（为当然成员）以及俄罗斯联邦总检察长任命的其他检察院工作人员组成[①]。在俄罗斯，检察委员会主要行使下列职权：（1）审议讨论检察院的基本工作计划和基本情况；（2）讨论最重要的命令和决定草案，并对执行过程中出现的问题进行咨询；（3）对全局性和普遍性问题进行研究，并提出决策性方案；（4）听取本院部门领导的工作汇报；（5）对本院人事、管理等问题进行讨论和研究。检察委员会形成的决议需要以检察院命令的形式进行贯彻，如果决议与检察长有不同意见，由检察长贯彻自己的决定，同时将分歧意见报苏维埃主席团。[②] 由此可见，俄罗斯联邦检察委员会属于咨议性机关，最终决定权仍然在检察长。

（三）检察机关的监督机制

1. 上级监督

由于俄罗斯检察机关实行检察长负责制，联邦检察院检察长领导全国

① “俄罗斯联邦检察院法（下）”，黄道秀译，载《国家检察官学院学报》2015 年第 5 期，第 144 页。

② 刘昌强：《检察委员会制度研究》，中国检察出版社 2013 年版，第 182 页。

检察机关，上级检察院检察长领导下级检察院检察长，所以上级监督成为检察官办案监督的重要方式。上级监督的主要方式包括工作审查、书面指示和司法统计三种方式。其中，工作审查，主要是指上级检察长对下级检察工作贯彻执行法律情况进行专项和综合性的检查和审查；书面指示，是指采取命令、指示等方式对下级检察长报送的各种文件提出意见；司法统计，是指俄罗斯联邦总检察院对犯罪举报、犯罪状况、犯罪破案率、侦查工作和检察监督的状况和成果进行统一的国家统计，并对检察院机关报表的形成和提交规定统一的程序。俄罗斯联邦总检察长就上述统计问题的命令对国家权力机关具有强制力。

2. 本级监督

根据俄罗斯联邦检察院法第41条规定，本级检察机关对其工作人员实行考核制度，其主要目的之一在于对其履行职务情况进行监督。其中考核的对象包括在俄罗斯联邦检察机关体系中已具有衔级和担任规定授予职衔职务的检察工作人员，考核的程序和期限则由俄罗斯联邦总检察长进行规定。[①] 此外，对于检察工作人员不履行或不当履行职责或实施有损检察院工作人员名誉的违纪行为的，检察院机关和组织的领导人有权对其科处训诫、警告、严重警告、降低衔级、剥夺胸章、从检察机关中辞退等纪律处分。对于有违法犯罪行为的检察员或侦查员，只能由检察院根据特殊程序立案侦查。[②]

（四）检察官的保障机制

1. 行为保障

行为保障是检察官履职尽责的基本前提。为确保检察官办案的公正性，俄罗斯法律确定检察监督具有一定的独立性。根据俄罗斯联邦检察院法第5条规定，“检察监督不受干涉。除法律要求外，检察官对其承办的

① 刘向文：“谈俄罗斯联邦检察机关的公务制度”，载《河南社会科学》2012年第6期，第3页。

② 甄贞：《检察制度比较研究》，法律出版社2010年版，第250页。

案件与掌握的材料，不负任何形式的解释义务与供给他人了解的义务”①。联邦权力机关、联邦主体国家权力机关、地方自治组织、社会联合组织、大众新闻媒体以及上述机关和组织的代表、公职人员，以任何形式对检察长或侦查员施加影响，影响其正在作出的决定或以任何形式妨碍其活动的，均应承担相应法律责任。没有检察长的允许，任何人都无权在检查和预侦结束之前公开上述资料。②

2. 人身保障

人身保障是检察官履职尽责的基本内容。根据俄罗斯联邦检察院法规定，检察长作为国家权力的代表，应当受到国家的特别保护，这种保护要求覆盖他们的近亲属，以及试图影响检察长活动的其他人员。除此之外，俄罗斯联邦还专门制定了《法官、护法机关和检察机关公职人员国家保护法》，该法对检察长的国家保护规定了具体的程序和条件，如人身保护、住宅保护、改变工作单位、迁徙外地居住，而且还有权持有、携带、使用枪支和特种武器等。同时，对于试图调动检察工作人员工作地点的，还需征得检察工作人员的同意，并考虑其身体状况。

3. 福利保障

福利保障是检察官履职尽责的必备要件。检察官福利主要包括工资待遇及其他社会保障。在工资待遇方面，根据俄罗斯联邦检察院法第 44 条规定，检察机关工作人员的工资由六部分组成，具体为职务工资；衔级、工龄、特殊工作条件津贴；劳动复杂性、劳动强度和劳动成果津贴；学位和学术称号津贴；每季度和年度工作总结奖金；食品价格补贴。此外，国家还为检察官提供人身保险，保险金由国家预算支付，保险金额相当于 180 倍的月平均工资。③ 检察院工作人员还持有因公乘坐城市、郊区和地方各种公共交通工具（出租车除外）的乘车证，该乘车证由检察机关依照俄罗斯联邦政府规定向有关交通单位购买。

---

① 卢建平：《检察学的基本范畴》，中国检察出版社 2010 年版，第 239-240 页。
② 邓思清：《检察权研究》，北京大学出版社 2007 年版，第 248 页。
③ 朱孝清、张智辉：《检察学》，中国检察出版社 2010 年版，第 312 页。

（五）检察官的惩戒机制

俄罗斯检察官的惩戒机制主要包括惩戒主体、程序以及惩戒内容三个方面。在惩戒主体和程序上，主要是内部处分。俄罗斯检察机关工作人员对自身职责不予执行或不当执行，抑或实施有损于检察机关工作人员荣誉的行为，检察机关纪律机构的负责人有权对他们处以纪律处分，对于该处分，检察人员可以申诉和复议。惩戒内容具有多样性，具体包括：训诫，谴责，严厉谴责，降低检衔，剥夺“为俄罗斯联邦检察工作尽职尽责”胸章，剥夺“俄罗斯联邦检察机关荣誉工作者”胸章，警告其与职责要求不符合，从检察机关辞退。[①]

四、俄罗斯检察官办案责任制的特点及启示

（一）俄罗斯检察官办案责任制的主要特点

一是检察官办案主体的集中化。在俄罗斯，检察长是法定的诉讼主体，是检察机关的领导者、管理者和决策者，而检察机关的内设机构负责人及其他人员则是他的高级助理或助理，具体履行刑事诉讼职责，但无最终决定权。上述人员需要将其案件承办情况向检察长汇报，并获取检察长的书面指示，并经其审核批准后，以国家名义予以决定。当然，对于部分诉讼活动，如对联邦法院法官提起刑事案件，必须由联邦检察长亲自实施。此外，俄罗斯检察机关虽然也设置了检察委员会，但该机构主要是咨议性质，最终还是由检察长决定。如此来看，俄罗斯检察机关办案主体呈现出高度集中化特征，数量广泛的检察工作人员只具有实施权而无决定权。

二是检察官监督机制的内部化。俄罗斯检察官办案监督机制整体上呈内部性特征。这主要表现在监督主体的内部性、监督方式的内部性和监督内容的广泛性。在监督主体方面，由于遵循上下一体化原则，上级检察长对下级检察长，检察长对本院检察工作人员，内设机构负责人对本部门检

① 甄贞等：《检察制度比较研究》，法律出版社 2010 年版，第 249 页。

察人员具有广泛的监督权。在监督方式方面，主要包括内部的审查、检察指令、工作考核等方式，这些方式一般无须对外公开，只在内部进行。在监督内容方面，主要是监督下级检察官履职尽责的态度、其行为规范是否符合法律的要求等。

三是检察官保障机制的具体化和充分化。为保障检察官客观公正地履行义务，俄罗斯联邦法律构建了较为具体和充分的保障机制。涉及职权独立、人格保护、工资福利待遇，囊括衣食住行等各个方面。上述保障内容无论从广度上还是深度上都远超作为司法权代表者法官的保障。这也是俄罗斯联邦宪法所规定的检察机关作为护法机关特殊地位的体现。

（二）俄罗斯检察官办案责任制的启示

一是俄罗斯检察官办案责任制模式与历史传统紧密相关。“一切历史都是当代史”，任何法律制度的发展都要受到其历史传统的影响，任何试图割裂历史与现实的努力注定要归于失败。俄罗斯检察官办案责任制模式的选择也与俄罗斯检察制度的发展历史紧密相关。从俄罗斯检察制度的发展历史来看，无论是沙皇俄国时期还是苏联时期，其检察官办案组织都呈现出高度的集中性、检察官监督机制都具有强烈的内部性、检察官保障机制都具有特殊的独特性①，这些历史传统或多或少渗透于当前俄罗斯检察官办案责任制的改革。

二是俄罗斯检察官办案责任制模式与检察权配置紧密相关。除却历史因素外，俄罗斯检察官办案责任制模式的选择也与俄罗斯检察权的配置内容紧密相关。从近年来俄罗斯检察权内容的改革来看，虽然检察机关对法院的审判监督权予以取消、检察侦查权完全剥离，其作为控诉者的角色逐渐凸显，但是受制于法律监督的定位，其诉讼职能仍然处于衍生地位。这就决定了高度集中统一的检察官办案责任制模式成为其当然选择。因为以诉讼为主的检察机关，检察官的独立性较强，而以监督为主的检察机关，

① 谢鹏程：《前苏联检察制度》，中国检察出版社2009年版，第68-74页。

具有明显的检察一体化特征[①]。也就是说，检察官的独立性与诉讼性成正比，与检察官的监督性呈反比。

三是俄罗斯检察官办案责任制模式与司法规律的内在要求紧密相关。公正和效率是当前司法的两大主题，也是各国检察机关面临的重要挑战。在俄罗斯，检察官办案责任制的选择也必然要回应这一时代主题。从俄罗斯检察官诉讼职权的行使内容上来看，可分为诉讼行为的实施权和诉讼行为的决定权。在俄罗斯，虽然法律以列举的方式对检察长授予了广泛的诉讼职权，并且对许多刑事诉讼活动具有最终的决定权和批准权，但是相比这种清单上有限的列举，内容更为繁杂的诉讼活动实施权仍然由广大的检察工作人员所享有并予以推进。这种办案模式，在遵循检察长负责制的同时，也是追求检察效率和公正的必然选择和可行路径。

① 李勇：《传承与创新：新中国检察监督制度史》，中国检察出版社 2010 年版，第 131 页。

第四章　东亚国家检察官办案责任制

第一节　日本检察官办案责任制

从检察制度发展的历史来看，作为法治发达国家的日本，其检察官办案责任制汲取了大陆法系和英美法系的相关经验，在此基础上形成了自己独具特色的检察官办案责任制。除却政治、历史和文化等因素的影响，日本检察官办案责任制对于我国实现检察权的公正高效运行，司法责任制的认定、追究具有重要借鉴意义。

一、日本检察制度概述

1872 年，日本经历明治维新后借鉴法国的检察制度，在各级裁判所设置检察官，由此拉开了日本近代检察制度发展的帷幕。此后，在 1922 年又借鉴德国检察制度，在裁判所中附设检事局，并授权检事局内的检察官以侦查权和公诉权。第二次世界大战以后，由于美国的占领，其政治制度的构建明显受到了美国“三权分立”思想的影响。① 根据宪法有关司法权和行政权的分离要求，检察官属于特殊的行政官。② 1947 年，通过制定检察厅法和裁判所法，从而确立了现代检察制度。

在日本，检察厅作为检察官办公的场域，其与裁判所设置相对应，具

① 现代日本法基本理论研究课题组：“二战后美国法对日本法的影响”，载《比较法研究》2002 年第 3 期，第 123 页。

② 日本法务省刑事局编：《日本检察讲义》，杨磊译，中国检察出版社 1990 年版，第 154 页。

体可分为最高检察厅、高等检察厅、地方检察厅和区检察厅四级①。其中，最高检察厅只有一个，设在东京都，负责全国检察机关的领导监督工作，其首长为检事总长。高等检察厅共有8个，分别设在东京、大阪、名古屋、广岛、福冈、仙台、札幌、高松等市，其首长为检事长，并跨行政区域设置。地方检察厅共有50个，其首长为检事正。区检察厅则有438个，其首长称为首席检察官。其中，检察厅的职员包括检察官、检察事务官、检察技官以及其他职员。根据日本最高检察厅的最新统计，当前日本共有检察官2744人（其中检事1845人，副检事899人），检察事务官9052人。

根据业务需要，日本各级检察厅还分别设置了相应的内设机构，履行检察职责，然而，这些内设机构并非上下完全对应，而是根据实际需要和检察业务情况具体设置。其中，在最高检察厅设有事务局、总务部、监察指导部、刑事部、公安部、公判部6个部门②。在高等检察厅一般设有事务局、总务部、刑事部、公安部等部门。在地方检察厅，其内设机构一般包括事务局、总务部、刑事部、交通部、公安部、公判部、特别刑事部（或特别侦查部）等部门。至于区检察厅，则一般不设部而只设课或室。

二、日本检察官的职权

在日本，只有具有检察官身份的检察人员才具有并行使法律赋予的检察权，因此，有必要明确检察官的范围。根据日本检察厅法规定，检察官可分为检事总长、次长检事、检事长、检事和副检事五类。③ 其中，检事总长是最高检察厅的首长，负责最高检察厅的厅务管理，并对全国所有检察厅职员行使指挥监督权；次长检事协助检事总长工作，并在检事总长不能履行职务或缺席时予以代表。检事长为高等检察厅的首长，对应法院管

① 线杰："日本检察官的权力"，载《人民检察》2000年第1期，第58页。

② 顾军、温军："论日本、韩国检察制度及其启示"，载《江汉论坛》2014年第12期，第72页。

③ 宋英辉等：《外国刑事诉讼法》，法律出版社2011年版，第582页。

辖区域内存在的地方检察厅及区检察厅职员行使监督指挥权。检事配置在最高检察厅、高等检察厅、地方检察厅内，负责侦查、公判、裁判执行和指挥监督等事务的执行。副检事则配置在区检察厅，其职权与检事相同。日本检察官在刑事诉讼中的职权具体包括以下几个方面：

1. 侦查权

侦查权是指对犯罪进行侦查的权力，这是日本检察官的主要权能之一。根据日本检察厅法第 6 条规定，“检察官可以对任何犯罪进行侦查”。同时，日本刑事诉讼法第 191 条第 1 款也规定，“检察官认为必要时，可以自行侦查犯罪”。据此，日本检察官享有广泛的犯罪侦查权。检察官作为犯罪侦查权的享有者，其主要源自日本刑事诉讼相应的制度要求：一是日本刑事诉讼实行起诉犹豫主义，检察官具有一定的公诉裁量权，倘若检察官不具有侦查权就很难对起诉与否作出恰当的判断；二是检察官在刑事诉讼中承担完全的举证责任，为完成该责任亦有必要赋予其一定的侦查权；三是检察官被认为是公益的代表人，应负有严格执法的责任和义务。①

2. 公诉权

公诉权是指对刑事案件提起公诉或不起诉的权力。根据日本刑事诉讼法第 247 条规定：“公诉，由检察官提起。”据此，日本实行起诉垄断主义，即公诉只能由检察官提起，检察官是国家唯一的公诉主体。同时，根据日本刑事诉讼法第 248 条规定，“检察官根据人犯的性格、年龄及境遇、犯罪的轻重及情状和犯罪后的情况，没有必要追诉时，可以不提起公诉”②。这就赋予了检察官一定的公诉裁量权。

3. 正当适用法律的请求权

正当适用法律的请求权是指检察官在刑事诉讼中，通过提出证据、陈

① 刘兰秋：“日本检察制度简介（上）”，载《国家检察官学院学报》2006 年第 5 期，第 154 页。

② 叶峰：“日本检察机关的职责权限（中）”，载《检察日报》2003 年 6 月 14 日，第 3 版。

述意见等方式，请求法院正当适用法律的权限。[①] 根据日本检察厅法第4条规定，检察官拥有请求法院正当适用法律的权限。具体包括：在对保释请求作出决定时有陈述意见的权力；在审判程序中对事实认定和法律适用有陈述意见的权力；针对违法或不当裁判，有以控诉、抗告、准抗告等方式要求纠正的权力；针对裁判有申请再审及非常上告的权力等。[②]

4. 指挥和监督裁判执行权

指挥和监督裁判执行权是指检察官对刑事判决的执行具有指挥和监督权。这一权限源自检察厅法和刑事诉讼法的规定。根据日本检察厅法第4条规定，"检察官就刑事案件监督判决、裁定的执行"。刑事诉讼法则对这种权力的行使明确了具体要求：刑事裁判的执行，应由作出该裁判的法院相对应的检察厅的检察官指挥，如果是死刑判决执行，应当在检察官、检察事务官在场的前提下进行。检察官指挥裁判的执行，应当以指挥书的形式进行，并可以自行巡视监督，罪犯可以请求检察官对监狱侵犯其人权的行为提起诉讼。[③]

三、日本检察官办案责任制的主要内容

检察官办案责任制，是指检察官作为基本的办案组织，在履行办案职责过程中形成的组织关系、工作机制，以及为了保障检察官客观、公正、独立地行使职权而建立的保障机制和监督机制。[④] 据此，检察官办案责任制可分为检察权的运行机制、检察权的保障机制和检察权的监督机制。

（一）检察官决策机制的独立性和一体性

在日本，根据宪政制度的规定，检察权从本质上看属于行政权。日本

① 裘索：《日本国检察制度》，商务印书馆2011年版，第18页。

② 张鲲："日本检察官的职权、组织与结构"，载《西南政法大学学报》2002年第1期，第112页。

③ 卞建林、刘玫：《外国刑事诉讼法》，人民法院出版社2002年版，第239页。

④ 蔡巍："检察官办案责任制比较研究"，载《人民检察》2013年第14期，第31页。

检察机关在组织上隶属于法务省，法务省本身属于行政机关序列，其行政首长——法务大臣名义上是检察体系的上司和领导，享有对检察官的外部指令权，因此，检察机关在组织上属行政之一环。[①] 但又因其承担一定的司法职能，从而具有司法权的属性。据此，检察事务分为检察行政事务和检察司法事务。其中，检察行政事务主要包括人事、会计、宣传、政策等事务；检察司法事务则是指日本检察厅法所规定的侦查和公诉事务。[②] 检察行政事务受命于上级官员，并履行其职责；检察司法事务在行使上具有独立的权限，但受上级指挥监督。[③]

1. 检察官决策机制的独立性

在日本，根据检察厅法和刑事诉讼法规定，检察权的行使主体为检察官，检察厅只不过是检察官办案的场所。由于检察官的职权广泛，在刑事司法中发挥着重要作用，所以日本检察官常被称为“刑事司法的脊梁”。[④] 日本检察厅法第1条即开宗明义地指出：“检察厅是统括检察官所执行事务的场所。”同时，日本检察厅法和刑事诉讼法中授权的对象都是检察官，而非检察首长。这就意味着检察厅只是统管检察官事务的官署，本身不具有任何诉讼权限的官厅，其真正的诉讼主体是检察官，因此检察官被称为独任制官厅[⑤]。在日本，每一个检察官都以自己个人的名义而不是以检察厅、检事长或检事长辅助人的名义来履行职权。例如，提起公诉的检察官应当在起诉书上签署自己的名字，而在提起上诉以及执行刑罚等职权行使中，也都是由承办检察官以自己的名义作出决定，而非以检事长或者

① 万毅：“对日本检察官‘半独立’地位不要误读”，载《检察日报》2015年6月9日，第3版。

② 江礼华：《日本检察制度》，中国人民公安大学出版社1996年版，第182页。

③ 樊崇义等：《域外检察制度》，中国人民公安大学出版社2007年版，第224页。

④ 吴常青：“日本检察侦查权监督制约机制及其启示”，载《中国刑事法杂志》2013年第4期，第112页。

⑤ ［日］田口守一：《刑事诉讼法》，张凌、于秀峰译，中国政法大学出版社2010年版，第126页。

检事长法定代理人的名义作出决定。

2. 检察官决策机制的一体性

基于司法的独立要求，必须保证检察权对立法权及其他行政权的独立的观念，日本设立了检察官一体化原则。[①] 也就是说，检察一体化的目的并非增强其行政化属性，而是为了检察权的外部独立。检察权运行的一体性具体表现为上级对下级的指挥监督权（日本检察厅法第 7 条至第 10 条）、上级的事务承继权和转移权（日本检察厅法第 12 条）、下级对上级的职务代理权（日本检察厅法第 11 条和第 13 条）[②]。一是上级对下级的指挥监督权。根据日本检察厅法规定，总检事长是最高检察厅的首长，掌管厅务并且指挥监督所有检察厅的职员。检事长是高等检察厅的首长，掌管厅务并指挥监督本厅以及与本厅相对应的法院管辖区域内的地方检察厅和区检察厅的职员。检事正掌管厅务并指挥监督本厅以及与本厅相对应的法院的管辖区域内的区检察厅的职员。在设首席检察官的各区检察厅，由该厅的首席检察官掌管厅务，并指挥监督该厅的职员。在其他各区检察厅，由隶属该厅的检事或副检事（副检事有两名以上时，由检事正指定的副检事）掌管厅务，并指挥监督该厅的职员。二是上级的事务承继权和事务转移权。根据检察厅法规定，总检事长、检事长和检事正可以自行处理其指挥监督下的检察官的事务，也可以让其指挥监督下的其他检察官处理。这就是上级的事务承继权和事务转移权[③]。三是职务代理权。根据日本《检察厅事务章程》第 4 条规定，检事总长和次长检事发生事故或者缺位时，由该厅的检事按照检事总长预先确定的顺序，临时执行检事总长的职务；高等检察厅的首长在其发生事故或缺位时，由该厅的次席检事临时执行首长的职务，在其次席检事发生事故或缺位时，由该厅其他检事

① ［日］伊滕荣树：《日本检察厅法逐条解释》，徐益初等译，中国检察出版社 1990 年版，第 191 页。

② 何家弘：《检察制度比较研究》，中国检察出版社 2008 年版，第 294 页。

③ 李洪阳、雷池："论日本检察制度特点及对我国的启示"，载《中国检察官》2014 年第 13 期，第 34-36 页。

按照厅首长预先确定的顺序，临时执行厅长的职务。

3. 检察机关内部主体权限关系。

(1) 法务大臣与检察官。日本检察权属于行政权，其是内阁对国会负责的一项工作，所以作为内阁成员的法务大臣对检察官持有某种程度的监督权。根据日本检察厅法第14条规定，法务大臣就侦查、公诉及裁判执行等检察事务有一般的指挥监督权，但对检察个案的调查或处分，只能指挥检事总长。为了防止政治对司法的干预，迄今为止，法务大臣对检事总长行使指挥权的案件非常罕见，仅有一例。

(2) 检事长与检察官。根据日本检察厅法第12条规定，"检事总长，检事长或者检察官，其指挥监督的检察官事务亲自处理，或者指挥监督其他检察官办理"。这就意味着检事长对检察官有监督指挥权、职务转移或承继权。虽然检察官处于检事长的指挥监督之下，但检察官仍然具有如何行使检察权的自由裁量权。根据法律规定，检察官即使违背上级的禁令而进行侦查，或是拒不接受上级的不起诉决定而提起公诉，虽然可能因此受到身份上的惩戒，但其侦查和起诉行为依然具有法律效力。在司法实践中，上级检察首长往往更尊重一线办案检察官的意见，即使上级检察首长与下级检察官之间就案件处理结果存在分歧意见，上级检察首长也主要是通过审查、劝告、沟通、说服的方式，促使双方达成共识，而不是简单地硬性要求下级检察官服从自己。如果沟通说服无效，双方各执己见、难以达成共识，上级检察首长一般也不会直接行使指挥监督权，强行要求下级检察官改变自己的意见，而是会启动职务收取权或移转权，将案件收回由自己承办或转交其他检察官承办，以此体现对检察官职务独立性的尊重。[①]

(3) 内设机构负责人与检察官。内设机构负责人作为检察厅长官之一，对其所属职员具有指挥监督权。根据日本《检察厅事务章程》第6条规定："检察厅的部设置部长，由法务大臣从该厅检察官中任命；最高

① 徐尉：《日本检察制度概述》，中国政法大学出版社2011年版，第111页。

检察厅的部长，受检事总长的命令，统管部所属的事务，并指挥监督所属检察事务官、检察技术官和其他职员；高等检察厅和地方检察厅的部长，受该厅首长的命令，统管部所属的事务，并指挥监督其职员。”第8条规定，“检察官关于检察厅法第4条和第6条规定的事务，应在上级的指挥监督下，关于同法第11条的事务处理，应接受上级的命令，并按照分担的事务，指挥监督检查事务官、检察技术官和其他职员”。也就是说，检察官办理的案件都要经部（局）长进行审批，部（局）长有权直接更改所属检察官对案件的处理意见。对于疑难复杂的案件，由部（局）长提请检事总长或次长检事（或检事长、检事正）决定，但检察官独立办案的权力不受干涉。①

（4）检察官与检察事务官。检察事务官是检察官的辅助官员，承担具体的侦查、执行等检察事务。根据日本检察厅法第27条规定，检察厅设置检察事务官，检察事务官为二级或三级，检察事务官受上级长官之命令，掌管检察厅的事务，并辅佐检察官或受其指挥进行侦查。根据日本刑事诉讼法第191条第2款规定，“检察事务官应当在检察官的指挥下进行侦查”。具体包括：犯罪嫌疑人的调查、逮捕令状的执行、紧急逮捕、强制措施的执行、第三者的调查取证、对被疑者的留置请求及认定处分许可请求、检察官指令的其他行为。据此，检察官与检察事务官的关系主要表现为指挥监督。同时，在区检察厅，检察事务官还具有临时检察官的代理权，检察事务官可以在检察官缺额时，根据法务大臣的指定，处理本厅检察官的事务。

（5）检察官与检察技官。检察技官是日本国家公务员的官职之一，是掌握某一门专业知识的公务员，被分配到检察厅工作，受检察官指挥，如会计、翻译、土木、机械等。根据所分配的部门的不同，检察技官分别有不同的称谓，如内阁府技官、警察厅技官、检察厅技官等。根据检察厅

① 万毅：“日韩检察机关内设机构设置注重专业化”，载《检察日报》2015年6月16日，第3版。

法第 28 条规定，检察厅下设置检察技术官，检察技术官分为二级或三级，检察技术官受检察官指挥，掌管技术。

(二) 检察官保障机制的行政性与司法性

根据日本检察厅法第 32 条规定："有关检察官级别、检察官的任命资格、检察官欠缺的理由、检察官的退休、检察官的身份保障等内容是根据国家公务员法，基于检察官职务和责任的特殊性，从而作为国家公务员法的特利所规定的。"也就是说，检察官的保障机制兼具行政性和司法性。

1. 检察官的资格保障

检察官的资格保障主要包括免职条件、考核要求等内容。根据检察厅法第 23 条规定，只有检察官因身心障碍、职务上缺乏效率及其他原因不适宜履行职务时，经检察官资格审查会决议及法务大臣的劝告后，才能免去其检察官的职务。也就是说，对于检察官的免职要求不同于一般公务员，而是必须符合其法定事由。同时，在罢免程序上也有别于普通公务员：首先，提交检察官资格审查；其次，通知法务大臣，法务大臣对于检事总长、次长检事或检事长一级检察官认为应于实施的，向内阁提出；再次，是否免职最终由内阁决定。① 检察官资格审查会由从国会议员、法官、律师及日本学士院会员以及其他有学识经验者中选任的 11 名委员组成。对每一名委员各设 1 名预备委员。各委员的预备委员分别从具有同样资格的委员中进行选任。检察官资格审查会总务由法务大臣房管人事科担任。检察官资格审查会每三年对检察官是否合格进行审查。

在对检察官的具体考评要求上，参照公务员考评制度。日本对检察官的考核内容包括工作成绩、工作能力、性格和工作适应性。考核结果分为 A、B、C、D、E 五个等级。A 级为工作成绩卓越，一般不超过 10%；B 级为工作成绩优秀，一般不超过 30%；C 级为工作成绩良好；D 级为工作成绩较差；E 级为工作成绩低劣。评为 A 级者可以越级增加工资；B、C、D 三个等级可以提薪；E 级不能提薪，甚至还要受到处分。考核结果要存

---

① ［日］野村二郎：《日本的检察》，讲谈社 1988 年版，第 74 页。

入档案，作为职务晋升和人员奖惩的重要依据。①

2. 检察官的身份保障

检察官的身份保障主要适用国家公务员法，并由人事院对违法乱纪的检察官进行惩处。日本在总理府设置了检察官资格审查会，其成员由从国会议员、检察官、法务省官吏、法官、律师及日本研究院会员中选任的11名委员组成。担任委员的国会议员中有众议院议员4名及参议院议员2名，分别在众议院和参议院中选出。依据检察厅法规定，检察官非经资格审查会依法定程序审查决定，不得免职。检察官因身心障碍、职务上缺乏效率及其他原因不适宜履行职务时，对于有任命权者为内阁的检事总长、次长检事及检事长来说，经检察官资格审查会决议及法务大臣的劝告后，可以由内阁免去其职务；对于有任命权者为法务大臣的检事及副检事来说，经检察官资格审查会决议后，可以由法务大臣免去其职务。② 根据检察厅法第25条规定，“除下列情形外，检察官不得被降低薪俸、停止职务或罢免官职。一是退休，检事总长年满65岁，其他检察官年满63岁退休。二是依法律程序而免职成为剩余人员。即由于检察厅的废除等原因，使检事长、检事和副检事成为剩余人员，法务大臣可以向该人付出半数薪俸，并使其等待缺位。三是受到惩戒处分，如检察官违反国家公务法或人事院规则、违反职务方面的义务或玩忽职务、有与作为全体国民的服务者不相称的违法行为。将按其情节轻重分别给予免职、停职、减薪或训告的处分”③。另外，根据日本刑法规定，对具有下列行为之一的检察官可依照刑法以渎职犯罪进行刑事处罚：滥用职权逮捕或监禁人、执行职务时对刑事被告人或其他人实施强暴凌虐行为的、滥用职权等致人死伤、行贿受

① 王欣、黄永茂：“国外检察官考核考评制度之比较及启示”，载《江苏大学学报（社会科学版）》2013年第2期，第94页。

② 樊崇义、吴宏耀、种松志：《域外检察制度研究》，中国人民公安大学出版社2008年版，第238页。

③ 陈治军、马燕：“大陆法系国家和地区检察官办案责任制比较研究”，载《人民检察》2015年第3期，第74-75页。

贿。日本对违反检察官意愿作出不利处分，必须在给予处分时向该职员提交载有处分事由的说明书。检察官对行政处分、惩戒处分不服，可以向人事院提出进行“公平审查”。[①]

3. 检察官的待遇保障

在日本，国家公务员分为特别职位公务员和一般职位公务员。特别职位公务员主要包括内阁总理大臣、国务大臣、内阁法制局长官、人事官及监察员、法官及其法院其他职员等；一般职位公务员包括一般行政官、外交官、检察官、检察事务官、刑务官、税务职员，等等。日本检察官属于一般职位的国家公务员，工资由国家财政预算支出。但是，由于检察官职能的特殊性和重要性，检察官参照法官，由专门的法律《检察官薪金法》对检察官的工资作出规定，从而建立了单独的检察官工资序列[②]。《检察官薪金法》还对检察官工资之外的其他经济待遇作出了详细的规定。例如，对次长检事及其检事长支付单身就任津贴；对寒冷地区就任检事长支付寒冷津贴；对等待空缺就任的检察官，也支付一半的薪水，并支付其家属扶养津贴、调整津贴、住房津贴、年末津贴、年末特别津贴和寒冷地区工作津贴；对检察官的轮换调动，提供检察官住房，并帮助解决检察官家属的生活等，也明确规定了检察官加班、休假、值班等情况是没有津贴可领的[③]。此外，检察官和辅助人员即使退休以后，退休金也非常高，足以维持比较体面的生活。

（三）检察官监督机制的内部性与外部性

任何权力都有被滥用的可能和倾向，为了确保公权力的正当性，必须加强对其监督。根据监督主体和角度的不同，可分为内部监督和外部监督

---

① 郑励志主编：《日本公务员制度与政治过程》，上海财经大学出版社 2001 年版，第 233 页。

② 童建明等：“日本检察人员管理的主要特点”，载《人民检察》2004 年第 2 期，第 74 页。

③ 万毅、邹桦：“日本检察官员额可增减，薪酬高于公务员”，载《检察日报》2015 年 5 月 26 日，第 3 版。

机制。在日本，基于精密司法的要求，立法明确了对检察官权运行机制的内外部监督机制，从而确保权力在法治的轨道上运行。

1. 内部监督：检察一体化原则

检察一体化原则的设立，有利于防止检察权的失范和滥用，相比其他监督制度，具有全面、主动、及时性等优点①。根据日本检察厅法第7条至第13条规定，上级检察官对于其所属下级检察官拥有指挥监督权。这就意味着对于下级检察官作出的侦查、起诉、不起诉等处分，上级检察机关可将其纳入日常监管范围，依据职权或者当事人的请求进行审查和监督，防止下级检察官的司法不当行为。② 对于出现一些苗头性的违法行为，上级检察机关也可以通过发布指令，出台一般性执法规范，对下级检察官进行监督。除此之外，对于处理一些政治、社会上有重大影响的案件或重大维持治安的案件时，地方检察厅或最高检察厅通常会主动召集检察首脑会议，包括最高检察厅及相关地方检察厅的领导、法务省官员都会出席，对案件进行充分讨论，并一定要达成全体一致的结论。③

2. 外部监督：检察审查会制度

日本于1948年创设检察审查会制度，其后经过多次修改，其中在2004年进行了大幅度修改。检察审查会是为了防止检察官滥用检察权而设立的外部监督制度，它不属于检察机关管辖，而是一个独立的机构④。修改后的日本《检察审查会法》对检察审查会的性质、人员、受案范围、程序、处理结果等内容进行了具体规定。首先，该制度功能定位主要在于对检察裁量权的监督。根据《检察审查会法》第2条规定，检察审查会

---

① 陈运财："检察独立与检察一体分际"，载《月旦法学杂志》2005年第9期，第12页。

② ［日］川出敏裕："日本检察官之监控机制"，刘芳玲译，载《月旦法学杂志》2008年第162期，第102页。

③ 徐尉：《日本检察制度概述》，中国政法大学出版社2011年版，第267-269页。

④ 肖萍："日本检察审查会制度改革及其启示"，载《上海大学学报（社会科学版）》2013年第5期，第121页。

的掌管范围主要包括两个方面内容：一是通过被害人或者告发人的申请，或者依据职权对检察官决定不起诉的案件进行审查；二是建议或劝告改善检察事务。其次，检察审查员具有广泛的代表性，有利于刑事诉讼的民主性。检察审查员是从具有选举权的国民中抽选出11人，代表一般国民，从而使检察官的判断能反映一般国民的意见和思想。再次，运行程序尊重检察决策优先性。检察审查会的运行程序包括依据被害人及其近亲属、告发人的申请，对没有经过充分搜查而形成的不起诉案件进行审查，然后检察审查员依据良心、资料及询问证人等方式召开非公开的会议，进而得出是否应当起诉的决定。最后，运行结果具有一定的法律拘束力[①]。对于检察审查会第一次作出应当起诉的决议，检察机关应当考虑原不起诉处分是否适当。如果在法定期限内仍未起诉或者认为不应当起诉的，检察审查会可以进行二次审查，如有8名以上的多数审查员同意，应作出起诉适当的决议。再次审核的决议书具有法律强制效力，法院在收到决议书后，应指定律师提起并推进公诉，律师应履行检察官的职务[②]。据学者考证，当前日本检察审查会制度运行良好，呈现出国民稳定参与、对检察官不起诉的有效制约、民意有效表达等特点。[③]

第二节　韩国检察官办案责任制

作为中国的近邻，韩国检察官办案责任制因受到多种因素的影响而独具特色。在近代改革之前，韩国的司法制度受中华法系影响较深，司法与

---

① 肖建华、石达理："日本检察制度兼具大陆与英美法系特色"，载《检察日报》2015年5月5日，第3版。

② 宋英辉、刘兰秋："日本1999至2005年刑事诉讼改革介评"，载《比较法研究》2007年第4期，第138页。

③ 陈效："日本检察审查会制度实施现状评析"，载《人民检察》2014年第7期，第70页。

行政不分，并无独立的检察制度。① 韩国检察制度始自朝鲜末期的1895年，承继日本制度而建立，朝鲜王朝的特殊司法机构——“义禁府”于1894年改名为“义禁司”。这成为了法务部附设的裁判所，检察官的名称也在此时首次使用。司法工作被分为裁判（执行公审工作）与起诉（执行侦查犯罪及起诉工作）两部分。第二次世界大战以后，美国占领韩国，其检察制度又深受美国司法理念的影响，由此基础上建立起自己独特的检察制度。

一、韩国检察制度概述

根据法律规定，韩国检察厅是统辖检事事务的官署，即表示国家意思的公务所。虽然检察厅是隶属法务部的行政机关，但其职能和组织与司法权具有密切的联系，因此又称为准司法职能或准司法机关。但是，它与其他国家行政职能机构相比，还具有不同的特点，即它是法务部的外厅②。韩国的检察厅与法院相对应，分为大检察厅、高等检察厅、地方检察厅三级，共有1所大检察厅，5所高等检察厅，18所地方检察厅，40所地方检察厅支厅③。在内设机构设置上，所有的地方检察厅及地方检察厅支厅分为两大分科：即以检察官和检察厅（支厅）职员成立的检察及起诉分科和处理行政工作的事务局分科。这种分科根据犯罪、特殊侦查、刑事起诉、公安、毒品及组织犯罪侦查分科等专业领域而进行。同时，韩国检察

① 马相哲：“韩国检察制度简介（上）”，载《国家检察官学院学报》2006年第1期，第152页。

② 顾军、温军：“论日本、韩国检察制度及其启示”，载《江汉论坛》2014年第12期，第73-74页。

③ 大检察厅位于检察组织结构的最上层，管理并监督其他所有大韩民国检察厅的侦查与运行。检察总长处理所有的工作，并指挥所有的检察厅成员。高等检察厅分别设立于首尔、大田、大邱、釜山、光州等主要城市，在检察长的监督下，处理抗诉案的诉讼。并且，高等检察厅代理进行以国家为对象的诉讼及行政诉讼。地方检察厅及地方检察厅支厅分别设于首尔的中央、东部、南部、北部及西部各所、议政府和仁川、水原、春川、大田、清州、大邱、釜山、蔚山、昌原、光州、全州、济州。

厅实行人员分类管理，韩国大检察厅由检察总长、次长检事等组成，包括刑事部、公审诉讼事务部、反腐败部、公安部、强力部、事务局、企划调整部、科学侦查部、国际协力团。韩国检察人员一般包括：检察官、一般职公务员、技术职公务员三类。这三类是不同序列的公务员。检察官的主要职责是代表国家行使监督职能，需要通过司法考试、公务员考试等严格程序才能选任，并且实行定员制。韩国有专门的《检察官定员法》。该法律要求检察官定员，由检察厅分配，要以总统令形式进行规定，可见其定员机制的程序严格，防止任意增加检察官人员数额，一方面是为了建设精英化队伍，另一方面是基于分类管理后此类人员享有特殊待遇，此规定同时防止过多人员享受特殊待遇。一般职公务员则只为检察官服务，从事辅助性工作，但也需要通过公务员考试。技术职工作要求专业化水平更高，如人力资源、计算机、财会等，需要相关专业的人才才能胜任，此类人员一般无须考试，与检察厅之间是聘任关系，从而保证专业人员的持续更新和专业水平的与时俱进。

二、检察官的职权

韩国检察官在侦查、起诉、审判以及判决的执行等阶段具有广泛的权力：侦查犯罪、提起公诉的职权，以及对于推进侦查、起诉而言必要的职权；指挥、监督司法警察对犯罪的侦查活动；要求法院正确地适用法律；指挥、监督判决的执行；推进、指挥、监督以国家为当事人或诉讼参与人的诉讼以及行政诉讼（参见韩国检察厅法第 4 条）。[①] 具体而言，一是犯罪搜查权。其中包括侦查权和搜查指挥权，检察官作为侦查机关，具有犯罪搜查权，即对犯罪认知的权力和任意侦查及强制侦查等权力。二是起诉和不起诉权。检察官对嫌疑事件有权作出不起诉处分，不起诉处分的权力不只是作为搜查机关的权力，也是追诉机关的权力。同时，作为公诉权的

---

① 金日秀："韩国检察官在刑事诉讼中的地位与机能"，李颖峰译，载《人民检察》2013 年第 11 期，第 67 页。

主体，为实现检察官的公诉执行权，检察官有提出公诉和公诉执行的权力，韩国立法上认可检察官作为当事方所具有的各项诉讼权力，包括公判厅出席权、证人审问权、证据提出权、证据调查申请权、证据调查参与权、异议申请权、被告审问权、公诉状变更申请权、论告权与求刑权、辩论重开申请权和上诉权等。三是裁判执行权。检察官有权指挥和监督裁判执行的权力，为执行裁判，检察官在必要时可发布刑罚执行状。①

三、检察机关内部关系

（一）法务部长与检察总长

根据韩国检察厅法第 8 条规定，法务部长官对于检察系统有指挥监督权，但是对于检察业务，法务部长官只能通过检察总长才可以参与，只有对于检察行政事务，法务部长官才可以不受任何限制地进行指挥监督。法务部长官是检察事务的最高监督者，一般性地指挥、监督检事，对于具体案件只指挥、监督检察总长。所谓“一般性地指挥、监督”，是指对于检察事务的处理、下达一般性方针或标准，或者解释法令进行回复，或者就个别案件听取汇报等。这是为了在全国统一平衡地行使检察权，确保检察活动的一贯性，而保留给法务部长官的最低限度的权限。所谓“具体案件”，是指每个检事正在办理的特定案件。对于这样的具体案件，从侦查到提起公诉以及刑罚的执行，法务部长官只能通过检察总长对属下检事具有的指挥监督权作为媒介，才可以介入每个检事进行的检察事务。当然，这是指对检察事务的指挥监督要受限制。对于检察行政事务，包括有关署务、会计人事以及犯罪预防等事务，法务部长官可以不受任何限制地进行指挥监督。既然把法务部长官当作检察行政的最高责任者，那么为什么又限制其指挥监督权呢？理由是，一方面因为检察权是行政权的一部分，行使检察权要反映国家行政意思，明确其政治责任所在，所以赋予了指挥监

① 万毅：“论检察制度发展的‘东亚模式’——兼论对我国检察改革的启示”，载《东方法学》2018 年第 1 期，第 199 页。

督权；另一方面，为了让依据任期制身份而缺乏保障的检察总长有所缓冲，从行政权力和政治势力中确保检察权的独立，对其指挥监督权又进行了限制。

（二）检事长与检事

在韩国，检察权属于每个检事，每个检事作为官厅具有行使检察权的权限，并不是检察厅的检察总长、检事长或支厅长才具有这个权限。检察厅只不过是统辖检察事务的官署，检察厅不能成为直接行使检察权的主体。虽然检察厅的检事长具有对所属检事的指挥、监督权，但指挥监督权与检察权是有明显区别的。因此，检事在检察权的行使上有自己决定、表示国家意思权限的独立的单独官厅。2003年12月30日，韩国修改了检察厅法：检察一体原则中“上级命令、下级服从”的关系变成了指挥、监督关系（该法第7条第1项）；对指挥、监督的合法性或正当性有异议时，可以提出异议（该法第7条第2项）；允许检察职务的委任、移转和继承（该法第7条之二）。一是指挥监督权。根据韩国检察厅法，检察总长负责处理大检察厅的事务，统辖检察事务，指挥监督检察厅的公务员；高等检察厅和地方检察厅的检事长负责处理本检察厅的事务，指挥监督所属公务员；支厅长接受地方检察厅检事长的命令，处理所管事务，指挥监督所属公务员；检事在有关检察事务上服从上司的命令。但是，检事在有关行使检察权上处于接受上司指挥监督的地位，并不等于否定每个检事是行使检察权的意思决定机关的原则。换言之，即使是接受上司的指挥监督，具体行使检察权的权限和责任始终在具体处理事务的每个检事身上。二是职务承继权和职务移转权。根据韩国检察厅法，检察总长、检事长或支厅长可以自己直接履行处理所属检事的职务，或者把属于自己权限的部分职务或所属检事的职务交给其他检事处理。前者称为职务承继权，后者称为职务移转权。行使这种权限的结果，即使替换负责具体案件的检事，诉讼法上不受任何影响。三是职务代理权。各级检察厅和部分支厅设有次长检事。根据检察厅法，次长检事在其所属检察总长、检事长或支厅长因故不能履行职务时，即使未经特别授权程序，也能代理其职务。这种职务代理权所代理的职务不仅包括检察事务，而且包括检察行政事务。

（三）检事与一般职公务员

韩国检察机关的一切检察业务都以检事为中心展开，在负责侦查的检事室里，一般以1名检事为中心，配备部分检察侦查书记官、检察事务官、侦查事务官或毒品侦查事务官、检察主事、毒品侦查主事、检察主事补、毒品侦查主事补，1名检察书记、毒品侦查书记或检察书记补、毒品侦查书记补，1名女职员。在侦查重要案件并确有必要时，可以向检事长请求增加人员，也可以调用警察机关人员。书记官一般根据检事的命令负责处理侦查事务、制作和保存刑事卷宗、辅助检事的讼务，以及有关检察行政的业务；事务官在检察事务上辅助检事，受检事指挥进行犯罪侦查，并从事检察行政事务；书记官受检察总长或各级检事长的指定，对于所属检察厅受理的案件补行使司法警察吏的职务；秘书官受检察总长的命令负责处理有关机密的事项。

四、检事身份保障的法定性

为了确保检察权行使的公正性，防止外部的不当干涉，检事享有以法官为准的身份保障。检察厅法规定，检事非经弹劾，或者受禁锢以上刑罚或惩戒处分，或者适格审查，不受罢免、退职、停职或减薪处分；有关检事的定员、报酬及惩戒的事项，由法律规定。检事惩戒法则规定了对于检事惩戒的依据、惩戒的种类、惩戒的程序、惩戒的执行及执掌惩戒的组织等。此外，检察厅法更有明确规定，“检事的地位应受尊重，其报酬应与职务和品位相对应”。通过这些具体明确的法律规定，排除外部影响，确保检事的地位和待遇。

第五章　东盟国家检察官办案责任制

第一节　新加坡检察官办案责任制

一、新加坡检察制度概况

新加坡的司法制度源于英国普通法系，其法律由宪法、法律、法律补充以及判例法组成。由于地域狭小，新加坡只设有一个检察机关，即新加坡总检察署，来对应三级法院（初级法庭、高级法院和最高法院）的三审制，三审开庭均由他们出庭应诉，指控犯罪。在新加坡，总检察署并非作为单独系列的司法机关，而只是设在内政部下的一个行政部门，尽管如此，总检察署仍然作为司法机关的组成部分，确保新加坡法治的独立、严谨和公正①。新加坡总检察署广泛参与司法活动，根据新加坡宪法规定，总检察长根据总统或内阁交给他的法律问题随时提供意见，并完成其他法律事务，以及履行本宪法及其他法律文本确定的任务。具体而言，包括：对刑事案件提起公诉及决定不起诉；对政府诉讼进行应诉及代表政府参加诉讼活动及其他民事行为；修订新加坡法律，提供法律研究报告、咨询报告等；为政府草拟法律文本、国际合作协议、合同文本等。

二、运行关系

新加坡总检察署由正副总检察长、检察官和其他附属人员组成。总检

① 王江雨：“‘威权’体制下的‘司法独立’——新加坡司法体制对中国的启示”，载《中国法律评论》2014年第1期。

察署实行总检察长负责制，因而总检察长享有广泛的职责和权力。同时，新加坡总检察署严格奉行检察权独立原则，通过特殊的检察官委任和遴选制度、特殊的薪酬和评价考核机制，使新加坡检察机关的独立性得到了充分的保障。①

（一）总检察长与副总检察长

总检察署的核心架构主要由总检察长、副总检察长、副检察长和第二副检察长组成。总检察长为总检察署最高领导长官，总检察长和副总检察长同为政府首席法律顾问，为政府各部委提供法律咨询。副总检察长可在总检察长的指示下，代表政府出庭举证。副总检察长的职权在总检察长之下，副检察长和第二副检察长之上。总检察长作为政府首席法律顾问，独立行使职权，不受国家行政干预和控制，有权决定刑事案件的公诉和不起诉。另外，负责对政府起诉的应诉和代表政府提起诉讼。根据法律规定，总检察长还兼任慈善机构的法人代表、被收养人的监护人。副总检察长协助总检察长为政府提供法律咨询，并根据新加坡刑事诉讼法第 336 条第 2 款规定，代表总检察长行使公诉职责，在总检察长缺席时，代为行使总检察长职责。

（二）总检察长与检察官

一是检察官的独立办案权。新加坡总检察署并无单独的针对检察人员办案的约束制度，但要求各位检察人员独立办案，自觉接受公务员法规和国家法律法规制约。在新加坡，检察官又称为助理国家公诉人，代表总检察长出席法庭支持公诉。助理国家公诉人在下级法院和高等法院进行刑事诉讼，负责基层法院案件上诉和刑事案件上诉。检察官的委任由法律服务委员会决定，独立于其他政府部门，只遵循总检察长的领导。二是总检察长的控制指导权。根据刑事诉讼法第 336 条第 2 款规定，总检察长具有对所有刑事公诉和诉讼的控制和指导权。但是，总检察长、副总检察长却不

① 樊崇义、刘文化："广泛与独立：新加坡检察制度的公权特色"，载《检察日报》2015 年 7 月 28 日，第 3 版。

能直接干预各位主控检察官办案，因此检察官能够放手办案，有效杜绝了“看领导脸色办案、错案无人追究”等尴尬局面。

三、检察官的监督机制

新加坡总检察署自1965年成立至今没有一位检察官违法犯罪，这在世界各国的检察机关中也是十分难得。[①] 之所以如此，这与新加坡对公职人员的严格法律要求有关。一是零容忍的内部监督机制。虽然法律并未对总检察署作出专门的监督规定，但是包括总检察长在内的检察署工作人员都属于公职人员，而新加坡关于公职人员的规定较为严密，形成了“不想贪、不敢贪、不齿贪”的氛围。从《公务员守则和纪律条例》《公务员指导手册》《防止贪污法》《没收贪污贿赂利益法》等实体层面，到《公务惩戒性程序规则》等程序层面，新加坡都编制了严密的公职人员廉洁法网。[②] 二是外部监督机制。检察官如果因为内部说情，或者涉嫌职务犯罪，经民众举报，贪污调查局等相关侦查机关自可直接侦查，不受总检察署的限制。这样，就无形中起到了对检察官的监督约束作用。[③]

四、检察官的保障机制

(1) 任职资格保障。根据新加坡现行宪法的规定，总检察长是由总统根据总理的建议任命的。被提名者必须具有最高法院法官的任职资格。普通检察官则从法律执业工作者中任命，总检察长可直接任命到检察机关，履行检察官职责。法律执业工作者需获得马来亚大学、新加坡大学或新加坡国立大学授予的学士学位或在英国、澳大利亚、新西兰获得被新加坡法律执业法认可的大学法学学士学位，从新加坡国立大学获得有关新加

---

① 曾亚波：“新加坡总检察署内控监督之道探究”，载《中国纪检监察报》2012年9月10日，第4版。

② 于文轩：《道法无常：新加坡公共管理之道》，上海三联书店2015年版，第124页。

③ 黄耀东、覃兴盛：“中国与新加坡检察制度比较研究”，载《东南亚纵横》2007年第9期，第7-8页。

坡法的文凭或在英格兰等地具有法律执业经历。

(2)分类管理。检察官和行政人员实行分类管理，检察官的管理由法律服务委员会负责。每年总检察署各法律部门的负责人都要集中对每位检察官的工作情况作出评估，再将评估结论报总检察署，总检察署据此对检察官的使用和晋升提出建议，由法律服务委员会审核同意后，报公共服务委员会审定（实际上是备案性质）。法律服务委员会根据检察官的工作表现及任职经历，可调检察官担任初级法院法官（新加坡检察官与初级法院法官的界限并不明显，同属公务员序列)，也可向总统推荐并由总统委任其为高等法院法官。而总检察署其他人员的管理则不由法律服务委员会负责，而是直接由公共服务委员会负责，与政府部门一般公务员的管理相同。[①] 在薪金的发放标准上，检察官与行政人员有较大区别。检察官的薪金由法律服务委员会根据私人律师的收入状况决定，大体与私人律师的年均收入相当或略低。

(3)行为保障。在新加坡，检察官不仅拥有较大的自由裁量权，而且还享有司法豁免权。新加坡不实行错案责任追究制度，法官和检察官不会因办错案件受到责任追究，也不会因相关司法行为被民事起诉。检察官的业绩考核、职务晋升和年终福利不实行民主评议和投票打分，而是由行政首长直接决定。首长的决定既具有公正性，也具有权威性。

第二节 越南检察官办案责任制

一、越南检察制度简介

越南检察制度深受苏联检察制度的影响，具体表现在检察机关在政治结构中的地位安排。根据越南宪法规定，人民检察院、人民法院以及政府

① 徐汉明、黄达亮等：“检察官的选任和管理——新加坡检察制度简介（之二）”，载《检察日报》2008 年 3 月 24 日，学术版。

之间具有平行的宪法地位。在越南，调整检察职权和制度的法律主要包括宪法和人民检察院组织法。越南现行宪法规定检察系统内部实行垂直领导体制，并规定检察机关承担两项职能：一是行使公诉权，监督司法活动；二是监督其他国家机关，保证法律得到严格、一致遵守①。国会只监督检察机关履行职权后的结果，对于履行职权的过程并不干涉，检察系统的最高权力由最高人民检察院检察长行使。② 越南检察院的组织体系包括：最高人民检察院，省和中央直辖市的各人民检察院，市、县（郡）人民检察院，各级军事检察院。上级检察院领导下级检察院。地方各级人民检察院、各级军事检察院接受最高人民检察院领导。最高人民检察院、省及中央直辖市人民检察院、中央军事检察院、军区及同级军事检察院设立检察委员会，按少数服从多数的原则对重要检察问题进行讨论并作出决定。

二、越南检察官办案责任制内容

（一）检察职权

越南宪法明确规定：“人民检察院负责检察政府所属各部委及同级机关和地方政权机关的法规、文件的合法性，检察国家机关、经济组织、社会团体和人民武装部队执行法律的情况，检察调查工作、审判工作、案件执行工作和监督改造活动中遵守法律的情况，在刑事诉讼法规定的范围内调查犯罪，行使公诉权以追究犯罪行为。”③ 由此，越南检察权具体包括：一是法律监督权。即检察院在履行自己的职能时，有权抗议、建议和提出要求并对自己所作出的决定负法律责任，当所作出的上述决定违反法律时，对作出违法决定的人按其性质和错误情节分别给予纪律处分，直至追

① 孙谦、韩大元主编：《司法机构与司法制度——世界各国宪法的规定》，中国检察出版社 2013 年版，第 57 页。

② 樊崇义、刘文化：“越南检察机关的组织体系与职权范围”，载《检察日报》2015 年 10 月 27 日，第 3 版。

③ 许能凤：“中越检察机关检察权比较研究”，载《河南社会科学》2008 年第 4 期，第 154 页。

究刑事责任。对人民检察院所作出的抗诉、建议和要求，各有关机关、组织、单位和个人必须依法严格执行。二是公诉权，具体包括对侦查机关移送的刑事案件提起公诉、解决关于管辖权的争执、决定使用或中止各项强制措施、要求调查机关纠正调查活动中的违法行为等。三是审判监督权。即根据刑事诉讼法、民事诉讼法的有关规定，按二审程序、审判监督程序、再审程序对人民法院的判决、裁定提出抗诉。四是执行监督。即对人民法院所作出的判决、裁定的执行情况进行检查，并要求对违反法律者进行纪律处分和行政处罚，构成犯罪的，将对其进行刑事起诉，也可按法律规定进行刑事附带民事诉讼。

（二）运行关系

最高人民检察院由检察长、副检察长、检察员、调查员等人员组成。省、中央直辖市人民检察院由检察长、副检察长及检察员组成。市、县（郡）的人民检察院由检察长、副检察长和检察员组成。一是检察长的绝对领导权。根据越南人民检察院组织法规定，人民检察院由检察长领导。下级检察长服从上级检察院检察长的领导；地方各级检察院检察长和各级军事检察院检察长服从最高人民检察院检察长的统一领导。此外，地方各级人民检察院的检察长、副检察长、检察员，中央军事检察院的副检察长、检察员和军区及相当于军区的检察院的检察长、副检察长、检察员以及人民检察院的侦查员，由最高人民检察院检察长任免和撤职。二是副检察长的分工协助权。副检察长根据检察长的分工协助检察长工作。当检察长不在位时，检察长委托一名副检察长领导人民检察院开展工作。检察员根据本院检察长的分工并按检察员规章执行任务。

（三）保障机制

一是经费保障机制。检察部门的工资制度、级别、证件、服装等由国会常务委员会规定。越南检察部门的活动经费由政府预算拨款，在会同最高人民检察院统一之后呈报国会决定审核。二是任职保障。越南检察官任免条件较高，不仅需要有忠诚于祖国、优良的道德品质、法律知识，而且要有一定的检察和调查业务水平、有坚决保卫社会主义法制决心的越南公民才可被任命为检察员、调查员。①

（四）监督机制

越南对于检察机关的监督主要为权力机关监督，即国会监督。根据越南现行宪法，最高人民检察院检察长对国会负责并报告工作，在国会闭会期间，向国会常务委员会和国家主席负责并报告工作。地方各人民检察院检察长受同级人民议会的监督，对同级人民议会负责并向其报告本地方执行法律情况和本地方人民检察院的工作情况，回答人民议会代表的质询和问题。根据《越南社会主义共和国地方人民议会和地方人民政府组织法》的规定，人民议会的监督主要包括四种方式：一是依照关于人民议会依法行使监督权的法律来审议各机关和人员的工作报告；二是依照宪法和法律规定对人民议会代表提出质询；三是组织针对人民议会常务委员会、人民议会各专门委员会的调查委员会；四是通过受理公民传递至人民的申诉、控告进行监督。②

---

① 王进、许勤、方芳："越南社会主义共和国检察制度研究"，载《云南大学学报（法学版）》2013年第2期，第119页。

② 宋金玉莺："越南省级人民议会监督制度研究"，华南理工大学2015年硕士留学生学位论文。

第六章 我国港澳台地区检察官办案责任制

第一节 我国香港地区检察官办案责任制

在我国香港地区，由于受历史影响，承袭英国司法制度较多，在回归祖国之前以法律移植为主，回归祖国后才开始本土化法治过程。在香港地区，并无独立系统的检察机构。根据《香港特别行政区基本法》第63条规定，香港特别行政区律政司主管刑事检察工作，不受任何干涉。也就是说，行使检察职权的机关为香港律政司。此外，根据该法第60条第2款规定，“香港特别行政区政府设政务司、财政司、律政司和各局、处、署”。即香港地区检察权依附于行政机关，而作为政府部门组成部分来运行。[①] 在回归祖国之前，香港律政司司长是香港地方政府的首席法律官员，直接向当时的总督负责。而回归祖国之后，律政司司长则是香港行政长官，是香港特区政府、政府各决策局、部门及机构的首席法律顾问，同时也是行政会议成员，他的首要责任是维护法治。当前，香港律政司共分为五个法律科别，即民事法律科、刑事检控科、国际法律科、法律草拟科和法律政策科，政府律师分别在其中一科工作。就检察权配置而言，香港律政司刑事检控专员主要履行控诉职权，也即公诉权。但是，这种公诉权也并非由检控司独占，对于部分轻微刑事犯罪，警察也具有起诉权。[②]

---

① 单民、刘方：“香港特区与内地检察制度比较研究”，载《法学杂志》2011年第9期，第97-99页。

② 甄贞主编：《香港刑事诉讼法》，河南人民出版社1997年版，第165页。

一、刑事检控科概述

在内设机构设置上，刑事检控科又分为四个分科。具体包括：一科（法律指引科）、二科（讼辩科）、三科（上诉科）、四科（商业罪科），每一科分别由一名副刑事检控专员掌管，分科内的律师则具体负责相关事务。在检控人员组成上，可分为首长级和非首长级，其中首长级由政府律师和其他人员组成；非首长级由政府律师、法律辅助人员和其他人员组成。法律辅助人员包括法庭检控主任、法律翻译主任及律政书记。检控官主要负责上诉案件和原讼法庭的检控工作，而法庭检控主任虽与检控官之间的法律资格不同，但他们在刑事司法工作方面担当重要角色，大部分裁判法院的检控工作都由他们履行。

二、办案机制

（一）职权内容

虽然香港地区检控官（检察官）主要行使公诉权，但此类公诉权与大陆地区检察官有所区别，主要包括在各级刑事法庭的审讯中进行检控和处理上诉、协助死因裁判官[①]进行死因研讯、向执法机构就调查工作提供法律指引，以及代表律政司司长行使酌情权，决定是否开展刑事法律程序。此外，该科的律师（称为检控官）就刑事法律以及现行和建议法例的所有事宜，向政府各决策局及部门提供意见和协助。[②]

（二）运行原则

在案件办理上，香港地区通过制定《检察守则》（以下简称守则）[③]，

---

① 香港死因裁判法庭（简称死因庭）是香港地区的一个特别法庭，源于英国的同等机构，由死因裁判官主持，由陪审团商议对案件的裁决。

② 陆贻信：“香港回归后的刑事检察制度”，载《中国法律》2007 年第 6 期，第 32 页。

③ 刑事检控政策指引于 1993 年首次发表，并于 1998 年、2002 年及 2008 年更新。

作为指导检察官进行起诉的陈述和指示。此外，1990 年第八届联合国预防犯罪和罪犯待遇大会通过的《检察官作用准则》和 1999 年国际检察官联合会的《检控人员专业责任守则和主要职责及权利的声明》，也为香港地区的检控人员提供指导。《守则》规定，检察官必须以公共利益行事，同时，在作出决定和行使自由裁量权时，检察官必须在法律的基础上公平和冷静地行事。此外，对于可能影响公正的事项以列举方式进行了排除。

（三）运行关系

一是律政司司长与刑事检控专员。律政司司长负责执行刑法，制定检控政策，以及监督刑事检控科及检控署署长。秘书对检察官作出的决定负责，法律对其授予了各种权力。刑事检控专员是司法部刑事检控科的负责人，负责刑事检控科的工作，并对律政司司长负责。在职权方面，刑事检控专员可以指导公诉、就一般检控或就可能导致检控的特定调查向执法机关提供意见、制定和推动检控政策等。

二是刑事检控专员与检察官。检察官履行其作为刑事司法程序不可分割的一部分，包括调查、起诉、辩护、判决和惩罚。他们对刑事司法程序的贡献和取得的成果必须以专业的方式和合理可行的最高标准作出。检察官不应试图超越控方在刑事司法程序中的适当角色。但对于是否起诉，应当获取检控专员的同意，然后才可进行某些检控。这是确保在特定情况下进行适当审查的安全措施。

三、监督机制

一是内部监督。在刑事检控机构，由兼任人事主管的一名副刑事检控专员负责监督，刑事检控专员办公室负责刑事检控科的一切行政、管理、培训、传媒关系、投诉及意见和制定政策事宜，以及犯罪得益组的工作。

二是外部监督。司法公开原则是法治社会的基本原则，刑事司法系统的有效运作取决于整个社区的普遍接受程度。检察机关应及时准确、完整地提供相关信息，并且承认公众有及时、准确获得有关刑事司法系统和刑事诉讼信息的权利。

四、责任机制

检察官的纪律处分应以法律规定为依据。对检察官的投诉声称他们以明显超出专业标准的方式行事，应在适当的程序下迅速公平地处理。检察官有权获得公平听证。该决定应经过独立审查。对检察官的纪律处分程序应保证客观的评估和决定。它们应根据法律、专业行为准则、其他既定标准和道德规范并根据本准则确定。

五、保障机制

一是人身保障。检察官履行其职业职能，不受恐吓、阻碍、骚扰、不当干涉或不公正地承担民事、刑事或其他责任。此外，与其家人一道，当他们的人身安全因履行检察职能而受到威胁时，应得到有关部门的人身安全保护。

二是待遇保障。检察官应有合理的服务条件和适当的报酬，与他们所发挥的关键作用相称，而不是任意减少他们的工资或其他福利。同时，根据特定情况下的就业或选举条件，享有合理和规范的任期、退休金和退休年龄保障。

三是资格保障。根据客观因素，特别是专业资格、能力、诚信、业绩和经验，开展检察官的招聘和晋升，并根据公平公正的程序作出决定。

第二节　我国澳门地区检察官办案责任制

澳门地区检察制度的发展具有鲜明的时代特色，特别是1999年回归祖国以后，形成了独具特色的检察官办案责任制模式。在回归祖国前，澳门检察机关称为“检察官公署”，在性质上属于行政机关，并附设于法院之内。回归祖国之后，澳门检察制度发生了根本性变化。根据《澳门特别行政区基本法》第90条规定，澳门司法机关实行双轨制，除了法院，还包括检察院，并且明确规定检察院独立行使法律赋予的检察职能，不受任何干涉。根据《司法组织纲要法》和《司法官通则》，澳门检察院以“一院建制、三级派任”的方式向三级法院派驻司法官，以履行法定的检察职责，即检察院的司法官分为检察长、助理检察长和司法官三个不同职级，分别在三级法院内代表检察院履行职责。这一制度是在澳门地域狭小、人口不多的客观情况下，保证检察机关顺畅运作的较为理想的组织模式。特别是检察长办公室的设立，保证了检察长对各个办事处的集中统一管理和资源统一调配，保障了及时有效地解决日常运作中的问题和对突发事件的应对处理①。此外，根据基本法的规定，澳门地区还制定了《司法人员以及登记局及公证署人员之职位及职程制度与报酬通则之大纲》等有关检察制度的法律法规，从而共同型构了新型检察制度。

一、办案组织

在澳门，检察院的职权主要包括领导和监督刑事侦查、提起及确保刑事诉讼、保护民事权益、监督法律实施四个方面。澳门地区的检察人员实行分类管理，分为司法官、司法辅助人员和专业及行政人员三类，其中，检察院司法官受《司法官通则》的约束，司法辅助人员受《司法辅助人员通则》的约束，司法行政人员受《澳门公共行政工作人员通则》的约束。检察院司法官包括检察长、助理检察长和检察官，他们主要负责对刑事案件的调查与起诉，在各级法院代表检察院出庭，依法参与刑事、民事及行政诉讼。目前，检察院在职司法官共有四十一人，包括检察长一人、助理检察长九人和检察官三十一人。司法辅助人员又称为司法文员，包括书记员、助理书记员、主任书记员，主要工作是辅助司法官处理案件，分主管官职及司法文员职程。其中，书记长、助理书记长和主任书记员属主管官职，特级书记员、首席书记员、助理书记员和初级书记员属司法文员职级。专业及行政人员包括主管人员、专业人员和助理人员，主要负责协

---

① 何超明：“一国两制与澳门检察制度的创设”，载《人民检察》2009 年第 24 期，第 48 页。

助检察长开展工作，提供专业意见，进行人事和财政管理等方面的工作。根据基本法的规定，检察权由检察机关行使，即检察人员（检察长、助理检察长、检察官）的职责行为不代表其个人，而是代表澳门检察机关。但在具体案件办理上，仍然实行检察官个人承办制，即检察院的检察官在司法辅助人员的协助下独立办理案件并承担相应司法责任。对于重大敏感案件，在办案组织配置上基于检察一体的组织原则，在检察机关内部成立专门工作小组[①]，以集体智慧对案件进行充分的研究讨论，力求保证法律的正确实施。由此，在澳门地区形成了以独任制为原则，以小组制为补充的检察机关办案组织模式。

二、运行机制

（一）运行机制的基本原则

一是检察权的独立性。根据澳门地区《司法组织纲要法》第55条规定，检察院作为唯一行使法律赋予的检察职能的司法机关，相对于其他权力机关，检察院是自治的，独立行使其职责及权限，不受任何干涉。同时，检察院的自治及独立性，通过检察院受合法性准则及客观准则所约束，以及检察院司法官仅须遵守法律所规定的指示予以保障。也就说是，澳门检察机关也属于司法机关，司法独立原则当然适用检察机关，在外部不隶属于任何机关，不受任何外来干预。但是，司法独立在检察机关的体现不同于法院，更加强调检察机关的整体独立性。因为司法独立在法院是直接以法官的独立性来体现的，而检察官办理案件的独立性是相对的，须遵守法律规定。因此，在具有等级从属关系的检察体制内，检察权的独立性体现为检察权独立于其他权力，不受任何干涉，仅须遵守合法性、客观性准则。此外，虽然检察官之间存在等级隶属关系，但是这种层级关系不完全同于行政官员。因为检察官享有自主办案的司法传统，各级检察官之间并非层层报批或命令执行的关系，各级检察官主要还是独立履行司法职

① 例如，善丰花园案、海一居案和前检察长何超明涉贪案等系列事件。

责。在上级指令内容上，检察长和助理检察长向下级检察官仅限于发出案件的分工管理和案件流程中的行政安排，而且数目也是非常有限的。在形式上，上级检察官对下级检察官发布工作指示的标准由法律严格规定，而对于法律适用和事实认定一般不加干预，这被视为检察官独立性的内在要求。只有不同法律适用的采纳影响到检察机关刑事检控或其他重大政策的统一性才会导致上级干预。例如，澳门地区《刑事诉讼法》规定，上一级检察官可以纠正下一级检察官的不控诉决定，但无权更改检察官的控诉决定。同时，无论是同级别检察官还是不同级别检察官，对具体诉讼事务的讨论和咨询，并非是强制性的，而是为了便于促进检察院的统一立场。①

二是等级从属关系。为保证检察官独立行使职权，除却外部制度保障外，还有赖于检察机关内部自治制度的保证。在内部，上下级检察官之间存在等级从属关系。这种等级从属关系表现在两个方面：一方面是上级检察官可以向下级检察官发出法律规定的指令，下级检察官应当遵循和配合；另一方面是上级对下级、同级检察官之间依法允许临时替代，这也称为职务转移权。此外，检察官不论是否同级，相互之间都可以就具体法律事务进行讨论，以有利于检察院形成统一立场。然而，当上级检察官要过问下级的具体业务时，下级检察官应予配合，对上级的工作指示必须遵照执行。在实际运作中，在保证检察院司法官具体办案自主性的同时，派驻不同法院办事处的经验丰富的助理检察长亦根据检察长的指示，有效地协调相应办事处的运作，从而在总体上践行检察院“检察一体”的运作理念，保证刑事检控政策的整体连贯性。

（二）运行机制的具体关系

一是检察长与检察官。检察长作为检察院的最高领导和代表，享有领导检察院和维持检察院的正常运作所必需的一切权力。具体包括：领导及

---

① 马进保：“澳门特区的司法本地化”，载《国家检察官学院学报》2009 年第 2 期，第 91 页。

查核检察院各部门的运作和助理检察长、检察官及其他工作人员的工作，可以向行政长官提名检察官的任命；发出助理检察长及检察官应遵守的一般及特定的工作指示；对所有助理检察长和检察官授予职权；分派工作予助理检察长和检察官；指定助理检察长和检察官的代任人。检察长可将上述权限全部或部分授予助理检察长行使。按照现行制度，检察官之间可进行临时相互替代。作为检察院最高代表的检察长有权对各助理检察长和检察官的具体工作作出安排，亦可进行定期的调整和岗位变更，但仍需要有正当理由作为调任检察官的依据。检察院的其余司法官出缺、不在或回避时，由检察长指定的另一名司法官代任。检察官在独立办案的同时，需遵循检察长的指令，并予以配合。根据《司法官通则》第 8 条规定，检察院司法官具有等级从属关系。等级，系指下级司法官依据本法规定从属于上级司法官，前者因而有义务遵守所接获的指示。但在双方意见不一致时，只要在不违反合法性准则及客观准则的前提下，下级仍有权按照自己的认识判断，对案件作出决定。可见，检察官虽然应当受上级检察官的约束，但并非绝对服从，只要不违反法律及其客观义务，有权拒绝上级检察官的指令。①

二是助理检察长与检察官。助理检察长的权限包括：协助检察长在终审法院代表检察院及行使其他职权；在中级法院代表检察院；鉴于案件的严重性或复杂性，或案件涉及基本公共利益时，在第一审法院例外地亲自代表检察院；领导检察院的专责小组；向检察官发出执行职务所需的特定指示；作出诉讼法律规定的决定；担任法律赋予的其他职务。但是，检察官仍然有较高的独立性。而且，根据《刑事诉讼法》第 259 条第 4 款及第 260 条规定，检察官就案件作出的归档批示（即不提出控诉）依法接受上级的监督。但是，对于检察官作出的控诉批示，上级检察官却无权撤销。虽然检察长和助理检察长可以向下级检察官发出工作指示，但数目非常有

① 李哲：“论澳门检察机关的司法机关地位及其自由裁量权”，载《广西大学学报（哲学社会科学版）》2012 年第 4 期，第 68 页。

限且发出工作指示的准则是非常严格的。[①] 此外，助理检察长可基于正当原因改变电脑抽签顺序，将某些侦查案件在不同检察官之间进行转移或者由本人亲自办理。

三是检察官与司法辅助人员。司法辅助人员，是指属司法范畴特别制度职程的司法文员及主管官职据位人员，包括书记员和司法文员两类。司法辅助人员与检察官的职系互相独立，相互之间不存在自动转任的可能性。其中，书记员负责准备、处理和管理编制年度工作报告所需数据；编制统计图表，并每月将之送交书记长以及执行适用法例赋予的或经上级命令分配的其他职务。司法文员负责获指派的属诉讼上的文书处理、卷宗编排及有关手续等工作。检察长办公室负责管理在其下属部门任职的司法辅助人员，并对他们的工作定期查核。检察官委员会有权对司法辅助人员进行工作评核及提起纪律程序。[②] 由其进行纪律管理，并每两年接受检察官委员会对其工作的考评，工作评核以查核报告为根据。针对司法辅助人员的纪律行动，由相关的司法官管理及纪律机关作出。

三、保障机制

检察官独立履行其司法职责，必须有一系列的相关配套制度予以保障[③]，具体包括资格保障、任职保障和待遇保障三个方面。

一是资格保障。在澳门地区，检察官与法官共同行使司法职权，检察官的任职资格与法官相同。根据《司法官通则》第 13 条规定，法院司法官或检察院司法官各职级的一般任用要件，除满足法律所要求的一般公共职务条件外，尚须具法律认可的法律学士学位，以及熟悉澳门法律体系。

二是任职保障。检察官一般属终身任职，除非在法律规定的情况下，否则不得将司法官停职、免职、撤职，又或以任何方式使其离职。根据

① 王伟华：《澳门检察制度》，中国民主法制出版社 2009 年版，第 89 页。
② 赵奕："澳门检察院的组织管理制度"，载《人民检察》2009 年第 2 期，第 57 页。
③ 王伟华：《澳门检察制度》，中国民主法制出版社 2009 年版，第 104 页。

《司法官通则》第10条规定，检察官应当具有一定的稳定性。对于非定期任用司法官，除非在法律规定的情况下，否则不得将检察院司法官停职，命令其退休，将之免职、撤职，或以任何方式使其离职。对于定期任用司法官，如检察院司法官系属定期任用者，确保其在该段时间内的稳定性。

三是待遇保障。在澳门地区，法律赋予检察院财政及行政管理的自治权，即检察院对年度财政拨款享有自主权，同时直接对本身的司法辅助人员进行有效的行政和纪律管理，确保机关全面运作。澳门地区检察官属于政治职位，不属于公务员，他们的薪酬与行政长官挂钩，其薪酬和待遇要比一般公务员要高。主要包括在司法假期期间享受年假、薪俸由独立法规定、享有收取假期津贴及圣诞津贴的权利、有权以招待费名义收取相当于其薪俸的津贴、获发公干待遇及启程津程、享有对澳门公共行政工作人员所定的医疗护理等权利、享有其居所电话的安装及用户费用的权利、有权获分配供其个人使用的车辆等。

四、监督机制

《司法官通则》规定了检察官的一系列重要义务和责任，并设立了负责监管检察官的操守和纪律之专门管理机关，即检察官委员会。检察官委员会须因有关司法官或司法辅助人员不胜任工作而对其提起纪律程序。检察官委员会由检察长担任主席，另由一名助理检察长代表、检察官代表和两名社会人员组成。在权限方面，主要包括：建议检察院司法官的免职、因无能力而退休及科处强迫退休或撤职处分，或终止以定期委任方式任用的检察院司法官提供服务；就检察院司法官的聘任程序作安排及指挥有关工作的进行；提起检察院司法官因无能力而退休的程序；对检察院司法官采取纪律行动；评核检察院司法官的工作；编制检察院司法官的年资表；命令对检察院司法官进行查核、项目调查及全面调查，以及在此等情况下指定查核员；就获指定为查核员的检察院司法官及其秘书的酬劳依法提出建议等。作为独立设置的机构，检察官委员会负责检察院司法官及司法辅助人员的评核和纪律管理工作。评核一般每两年举行一次，旨在全面考查司法官和司法文员的工作能力和职业操守。依照法律规定，评核员和纪律程序的调查员由委员会委任，评核和纪律处分的结果亦需委员会审议和确认。

第三节 我国台湾地区检察官办案责任制

一、台湾地区检察制度概括

我国台湾地区的检察制度基本继受了民国时期的规定而有所发展。在台湾地区并无专门的检察组织法，有关检察组织的规定，见于“法院组织法”。根据“法院组织法”第 58 条规定，各级法院及其分院各配置检察署。也就是说，实行法检合署办公，检察机关设置在法院系统之中，但两者之间系平行独立的机关，并无领导监督关系存在。此外，检察机关还隶属于台湾地区“行政院”下属的“法务部”，接受“法务部”部长的领导和监督。

根据我国台湾地区“法院组织法”规定，检察官是检察职权的行使主体，独立行使职权。也就是说，检察官在职权行使方式上是独立的官署，具有高度的独立性。同时，在组织方式上，根据法律规定实行一体性和不可分原则，从而构成检察一体化原则①，检察官独立与检察一体化成为我国台湾地区检察制度的重要特征。有关检察官的定位和性质，法律并未明确规定，以至于在理论界和实务界存在较大争议，这种争议的存在可视其为一个尚未完成的机关。② 对于检察官的性质主要分为行政官、司法官、双重定位三种学说。行政官说认为检察官乃是一般行政官，其主要理

---

① 林山田：“论检察机关与检察官”，载《全国律师》1998 年第 6 期，第 98 页。

② 万毅：《一个尚未完成的机关：底限正义视野下的检察制度》，中国检察出版社 2008 年版，序言。

论依据在于“法院组织法”中的上命下从规定，以及国家权力所归属性。[①] 司法官说认为检察官虽然在组织上归属行政官，但其主要功能则是司法化的。例如，根据台湾地区“司法院”大法官会议392号解释，对检察官的法律地位进行了界定，该解释指出，检察官在刑事诉讼中具有司法官的性质，因为其侦查活动犹如法院的审判一样，具有个案性、争议性、事后性、客观性、中立性和独立性。双重定位说认为检察官既非上命下从之行政官，亦非独立自主之法官，而是处于两者之间、实现客观法意旨并追求真实与正义的一自主的司法官署。[②] 当然，上述争议尚无定论，但是无论哪一种观点，都基本承认检察官身份的特殊性，并无行政、司法等单独身份可以释言[③]。

在台湾地区，由于检察官属于独立的官署，所以“刑事诉讼法”中并无检察机关之说，更无检察机关职权的概念。有关检察权的配置主要明确为检察官的职权。根据我国台湾地区“法院组织法”及“刑事诉讼法”规定，检察官主要有实施侦查、提起公诉、实行公诉、协助自诉、担当自诉及指挥刑事裁判之执行，以及其他法令所规定执行职务活动等职权。具体表现在其为侦查程序的主导者和法官裁判的守门者，所谓侦查程序的主导者，是指检察官负责对刑事案件的侦查启动、侦查指挥并对侦查结果负责；而作为法官裁判的守门者，主要是指检察官具有公诉权，决定法官的审理范围，从而控制进入裁判的入口。[④]

二、台湾地区检察办案组织

办案组织是检察官办案责任制的基本构成部分，也是检察权运行的载

---

① 林钰雄：《检察官论》，法律出版社2008年版，第64-65页。

② 万毅：“两岸检察官法律地位之比较”，载《东方法学》2011年第2期，第11页。

③ 苏永钦：“从司法官的选任制度看法系的分道和汇流”，载《检察新论》2008年第4期，第42页。

④ 张永进：“我国台湾地区主任检察官制度初探”，载《理论月刊》2015年第3期，第114页。

体所在。根据学者龙宗智的研究，域外检察机关办案组织可分为独任制和协同制两种[①]，而万毅教授则将其分为独任制、协同制和集体办案制三种。[②] 虽然上述两者区分不同，但实际表述内容一致，只是在划分标准上有所差异。龙宗智所依据的是独任制与非独任制“两元制”标准，而万毅依据的则是现实表现形式，故此，在我国台湾地区检察官办案组织可分为独任制和办案组两种形式。独任制，系指检察官个人在司法辅助人员协助下，独立办案，并承担相应责任；办案组，系指由两个或两个以上检察官共同协作作为案件的承办组织。独任制与办案组两种办案机制的区分主要在于满足检察权多样化的行使要求，同时面对日益复杂的犯罪形式，需要检察官之间的相互配合，形成办案合力。

（一）独任制检察官

在我国台湾地区，根据“刑事诉讼法”规定，独任制检察官系基本办案组织。首先，检察官在刑事诉讼过程中具有独立的法律地位，其是检察权的享有者和承载者。根据我国台湾地区“刑事诉讼法”规定，无论是实施侦查、提起公诉、实施公诉，还是协助自诉、担当自诉等活动，其主体都是独任制检察官，作为一个单独的办案单元[③]。其次，独任制并非只检察官一人办案。在实践中，每一个检察官还配有司法辅助人员协助其办案，虽然在办案人员上表现为多人，但是由于检察官在其中起法律主导作用，其他人员都只是协助办理，所以可视为独任制检察官。最后，虽然检察官在办案中也要遵循检察一体原则的要求，服从检察首长有关内部指令权、职务收取和职务转移权的约束，但是上述约束主要在于统一追诉标准等内部监督，而非改变其独立办案身份，并且检察官以自己的名义对外

① 龙宗智：“检察官办案责任制相关问题研究”，载《中国法学》2015 年第 1 期，第 85 页。

② 万毅：“台湾地区检察官：谁定案，谁负责”，载《检察日报》2015 年 9 月 1 日，第 3 版。

③ 林丽莹：“检察一体与检察官独立性之分际”，载《月旦法学杂志》2005 年 9 月，第 47 页。

发布的法律文书仍然有限，只是可能会导致内部追责而已[①]。

(二) 检察官办案组

检察官办案组是指两名及两名以上检察官协同或共同办理案件的组织形式。它是建立在独任制检察官办案组织之上的特殊形式。随着经济社会的发展，对于严重侵犯国家利益和社会公共安全的刑事案件，仅靠独任制检察官承办案件难以满足侦查需要，所以检察官办案组应运而生。

一是检察官协同办案小组。台湾地区“法务部”于 1998 年颁布了“地方法院检察署检察官协同办案实施要点”，该要点对提升侦查能力，加强检察官分工合作，规范检察官协同办案方式作出了具体规定。针对特定严重刑事案件，检察长可以指定两名以上检察官（主任检察官）组成协同办案小组进行协同侦办。协同办案小组内的检察官角色并不完全相同，检察长在指定成立协同办案小组时，也要书面指定其中一名检察官为主办检察官，主办该案件，其他检察官则协助办理。协同办案小组所承办的案件，成绩及责任均由主办检察官负责。

二是特别侦查组。20 世纪 80 年代末期，我国台湾地区“黑金政治”凸显，即买票贿选、政治暴力、内线交易、贪污等社会问题丛生。在这种背景下，全面扫除黑金、肃贪查贿成为当时台湾地区的一致呼声与诉求。为应对上述质疑，2006 年 2 月 3 日，台湾地区“法院组织法修正案”通过，增订了第 63B1 条，该条规定：“最高法院检察署设特别侦查组，专办社会瞩目或重大黑金案件。特别侦查组置检察官六人以上，十五人以下，由最高法院检察署检察总长指定一人为主任，该组之检察官、检察事务官及其他人员[②]，具体承办案件包括：重大贪渎、重大暴力、重大妨碍选举、重大经济犯罪、重大环保犯罪等案件。特侦组检察官在主任以下分为三个小组各自工作，对于所有侦查行动及侦查终结的结论，共同讨论决

---

① 郭力：“专访台湾‘钉子’检察官李子春”，载《南方周末》2008 年 11 月 20 日，第 1 版。

② 万毅：“特侦组：台湾检察体系中的反腐‘杀手锏’”，载《检察日报》2015 年 8 月 18 日，第 3 版。

定，以取得共识为原则，无法达成一致意见时由检察总长裁决。”

三、台湾地区检察权运行机制

检察权运行机制是在促使检察权运转，并实现检察职能的工作系统中各要素相互作用的机理或者模式，包括检察权内部（微观）运行机制和外部（宏观）运行机制。[①] 其中，检察权内部运行机制关涉检察权在内部各主体之间的职权配置问题。[②] 根据台湾地区“法院组织法”规定，在检察机关内部包括检察长、主任检察官、检察官、检察辅助人员等主体，他们之间的权力配置和关系反映了台湾地区检察权的运行概况。

（一）检察长与检察官

在检察长与检察官的关系上，主要体现了检察长对检察官的指令权，即检察长对检察官的职务行为可以进行个别或一般的指示。根据内容的不同，可分为检察行政事务的指令权和检察事务的指令权。

所谓检察行政事务，主要包括检察经费的预算分配，检察官的任命、考核、升迁和奖惩，以及检察职务中的注意事项等内容。根据我国台湾地区“法院组织法”第59条规定，各级法院及分院检察署置检察官，最高法院检察署以一人为检察总长，其他法院及分院检察署各以一人为检察长，分别综理各该署行政事务。表现为检察总长（检察长）依法可以指挥监督本署及下级检察署的检察官，检察长则拥有指挥监督该署检察官及高等法院以下各级法院及分院检察署检察官的职权，检察官应服从前两项指挥监督长官之命令。所以，检察总长（检察长）对其所属检察官具有检察行政事务的监督权，而主任检察官具有服从行政监督的义务。

检察事务指令权主要是指检察长对检察官在刑事诉讼中履行职务时的指挥命令权。根据检察事务指令权性质的不同，可分为指挥监督权和职务

---

① 向泽选：“检察权运行机制与检察权配置”，载《政法论坛》2012年第6期，第160页。

② 张智辉主编：《检察权优化配置研究》，中国检察出版社2014年版，第98页。

转移、收取权。其中，指挥监督权是指检察长对检察官履职工作的具体指挥命令。例如，根据“高等法院及其分院检察署处务规程”规定，检察长可以对检察官办案书类进行核定。检察官对检察长之指示有意见时，得陈述之；但检察长不采纳的，仍应服从其命令。检察长对该检察署及所属检察署检察官办理之案件，应随时考查其进行情形，并注意其办案期限。[①] 为防止不当的行政干预，检察长对于其检察事务指令权应当审慎使用，且应尊重主任检察官的内心确信，同时在行使指挥监督职权时需遵循阳光原则，附具书面理由，并对指示改变的部分负责。

检察长对于检察官的职务收取、转移权也是检察事务指令权的另一重要组成部分，根据我国台湾地区“刑事诉讼法”规定，在检察长与检察官意见不同时，可先行沟通，若沟通失败后，检察总长（检察长）可以亲自处理其所指挥监督的检察官的事务，并可以将该检察官的事务移转给他所指挥监督的其他检察官处理。即检察长认为必要时，可亲自或者命令其他检察官再行侦查或审核，维持或撤销原处分，但须附书面理由，对此，检察官应当服从。虽然现行“法院组织法”和“刑事诉讼法”对检察长的职务收取和职务转移权并未予以限制，但迫于舆论，现实中检察长很少使用该项权力。

（二）主任检察官与检察官

台湾地区主任检察官制度的创设，主要是基于分担检察长对检察官的管理职能，使这种直接管理变为间接管理。然而，这种管理职能并未改变检察官的独立地位和职权配置，所以，在主任检察官与本组检察官的关系上呈现出较为复杂的关系。

一是职务转移提议权。根据台湾地区“法院组织法”规定，检察长对检察官具有职务转移权，但这种权力除却检察长直接行使外，还可以通过主任检察官的建议而行使。也就是说，主任检察官认为检察官配受之案件因故不能或不宜办理者，应当附具理由，从而报请检察长指定其他检察

---

① 林钰雄：《检察官论》，法律出版社2008年版，第41页。

官办理。对于该提议，检察长可以接受也可以不接受，如果检察长接受，应当制定附具书面理由的指令，并需将该指令附于卷内或另卷保存。

二是指令报告权。指令报告权主要是指检察官在执行职务时，应就重要事项随时以言词或书面向本组主任检察官提出报告，并听取其指示，该主任检察官有权要求本组检察官报告处理事务之经过或要求调阅卷宗，对于上述事项的指令，检察官不得拒绝。当然，从内容上看，这种指令报告权主要是程序上的，对检察官的实体处分并不产生影响。

三是法律文件核转权。检察官在履行职务时撰写的法律文件，需要检察长审核签发的，应当送请主任检察官核转检察长核定，对此文件，主任检察官可以修正或填具意见。同时，检察官收受裁判正本之送达后，应依次登簿送由主任检察官核转检察长核阅。对于需要上诉的，检察官应于法定期间内陈明应否声明上诉或抗告之理由，经由主任检察官呈转检察长核定。对于上述检察官所起草的法律文书，若主任检察官与检察官有不同意见时，应报请检察长核定，而不能直接要求检察官改正。当然，上述文书的呈转仅具有程序上的意义，对于未经主任检察官呈转，检察官直接对外发布的，仍产生诉讼法上的效果①，但此时，检察官可能要面临机关内部的纪律处分。

四是指导统御权。指导统御权主要是指主任检察官在检察官办理案件的技术和策略问题上进行指导和指挥，而不能决定案件的走向和结果。也就是说，即使主任检察官行使此权力，对于该案的最终法律处分仍然是由承办检察官独立作出。例如，检察官在侦查活动中决定实施搜查、扣押等强制措施的，主任检察官可以在搜查的技巧和策略上进行指导、指挥，也可以调配检力予以配合和支援，但搜查、扣押的法律处分，仍然要由承办检察官自行作出②。

① 万毅："中国台湾检察权定位、配置及其他（上）"，载《东方法学》2010年第1期，第120页。

② 台湾地区"法务部"：《检察改革白皮书》1999年3月。

（三）检察官与检察辅助人员

在检察机关内部，还设有检察事务官室、观护人室、法医师、检验员、执行科、所务科、人事室等组织，这些组织人员在检察长的指挥下协助检察官办理案件。值得关注的是，检察事务官在诉讼过程中享有司法警察官和检察官助理双重身份。例如，检察事务官在实施搜索、扣押、执行拘留，并询问证人、告发人及告诉人等侦查活动时，虽然要受检察官的指挥，但却是以自己的名义独立完成的，因而其身份视为司法警察官。又如，在协助检察官行使法定的提起公诉、实行公诉、协助担当自诉及指挥刑事裁判之执行等职权时以该检察官名义作出，其身份为检察官助理①。此外，检察官与上述其他司法辅助人员之间是并行的关系，只是在具体的案件办理中，上述人员接受检察长的指挥，从而协助检察官开展活动。

四、台湾地区检察官责任机制

依据轻重缓急，台湾地区检察官的责任机制可分为一般行政惩处程序和职务法庭惩戒程序两种。台湾地区针对检察官的违法违纪行为先由“检察官评鉴委员会”进行个案评鉴，“检察官评鉴委员会”认为评鉴请求成立，有惩戒必要的，根据轻重程度，分别报由“法务部”交付“检察官人事审议委员会”审议，并得建议处分之种类，如建议处分警告②。或者移送“监察院”审查，并由“监察院”弹劾移送“职务法庭”，最后由“职务法庭”审理作出裁判。

一是一般行政惩处程序。根据我国台湾地区“法院组织法”（2006年修订）第59条第1项规定，“法务部”设“检察官人事审议委员会”，审议“高等法院检察署”以下各级法院及其分院检察署主任检察官、检察官之任免、转任、迁调、考核及奖惩事项，审议后所形成的决议，报“法

① 万毅：“检察事务官：台湾检察系统的‘王朝、马汉’”，载《检察日报》2015年6月30日，第3版。

② 董坤：“台湾检察官评鉴制度着力规范司法行为”，载《检察日报》2015年6月2日，第3版。

务部”部长审核后予以公告。“检察官人事审议委员会”主要审议以下内容：检察官不服撤销任用资格、免职、停止职务、解职、转任检察官以外职务或调动的事项，以及其他行政监督事项。

二是职务法庭惩戒程序。2011年7月6日，台湾地区“法官法”正式公布。“法官法”设检察官一章（第十章），对检察官制度作出专门规定，“检察官之惩戒，由司法院职务法庭审理之。其移送及审理程序准用法官之惩戒程序”。首先，在惩戒主体上，明确由“司法院”职务法庭审理，职务法庭由“公务员惩戒委员会委员长”任审判长，与4名陪席法官组成合议庭进行审理和裁判。[①] 其次，在惩戒内容上，进行了明确列举，具体包括因过错造成冤假错案的，违反职业规范的，违反廉洁要求的，以及违反职业伦理规范的，等等。再次，在惩戒程序上，包括受理、不公开审理、言词辩论等内容，同时赋予救济机会。最后，在惩戒种类上，依轻重顺序可分为免职、撤职、转职、罚款、申诫五类。[②]

五、台湾地区检察官保障机制

（一）资格保障

根据台湾地区有关规定，检察官的任职资格与法院相同，都需符合“司法人员人事条例”的有关要求，具体包括：需通过司法官考试，或者曾任推事、法官、检察官，或者通过律师资格考试并执行律师职务三年以上的，或者曾任法学教授或副教授三年以上并经“司法院”或“法务部”审查合格的。上述资格属于一般性任职资格，仅适用于基层检察官的任用，对于担任主任检察官或检察长的还须具备特定的任职资格和条件。

（二）行为保障

台湾地区1989年12月22日制定公布的“司法人员人事条例”第四

① 李翠玲：“台湾地区主任检察官制度的变迁与发展”，载《人民检察》2015年第20期，第75页。

② 温辉：“台湾地区检察官惩戒制度及其借鉴”，载《行政法学研究》2016年第2期，第139-141页。

章对法官、检察官的职位保障内容作出明确规定，检察官终身任职。该条例第 33 条同时规定：“实任司法官非有法律规定公务员停职之原因，不得停止其职务。”即非因法定事由，非经法定程序，不受刑事、惩戒处分，或禁治产宣告，不得将其免职，且非依法律，不得停职、转任或减俸。①法定事由如下：一是检察官涉嫌犯内乱、外患、贪污、渎职行为或不名誉之罪，受刑事处分之裁判确定者；二是除上述犯罪外，检察官被判处有期徒刑以上刑事处罚；三是受到撤职惩戒处分的；四是宣告限制行为能力或者无行为能力的。

（三）待遇保障

检察官薪俸优待，非法定原因不得降级、减俸。目前，台湾地区检察官的薪俸与法官相同，且远高于同级公务员。“司法人员人事条例”明确规定，检察官之俸给，适用公务人员俸给法之规定，并给予“专业加给”及“主管加给”。实任检察官非依法律受降级或减俸处分者，不得降级或减俸。实任检察官转任“法务部”之司法行政人员者，其年资及待遇均仍依相当职位之检察官规定列计。其达司法官行政人员命令退休年龄三个月前，应予转任司法官职务。②

---

① 林则奘：“台湾地区检察官制度面临的几个问题”，载《国家检察官学院学报》2008 年第 1 期，第 24 页。

② 万毅：“台湾地区检察官任职终身待遇优渥”，载《检察日报》2015 年 12 月 15 日，第 3 版。

第七章　域外检察官办案责任制的特征、启示及借鉴

第一节　域外检察官办案责任制的特征

一、检察官办案责任制的差异性

通过对上述域外检察官办案责任制的考察，可以发现，域外检察机关是刑事司法体系制度链条的重要组成部分，在欧洲大陆国家、英美国家、俄罗斯及我国台湾地区都扮演着重要角色。然而，域外国家和地区检察官办案责任制并无完全一致的制度模式，具体在办案组织、运行机制、责任机制、监督机制和保障机制方面也并不一致。对于这种多样性和丰富性，可能使重于借鉴域外经验的学者有些无措，甚至丧气，因为没有一种直接统一的模式可供直接参考。但是，这种多样性足以证明，在检察官办案责任制改革方面，没有可供直接参考的模板，任何改革都必须结合本国历史和国情而为。通过对域外检察官办案责任制的分析可以发现，多重因素的影响使检察官办案责任制呈现多样化。具体而言，可分为历史传统因素与检察职权配置因素，当然也和检察权与行政权、司法权关系的不同模式有关①。

一是在历史传统方面。德、法、英、美、俄等国检察官办案责任制模

① 有学者研究表明：在域外，检察权与行政权的关系上可分为独立型、附属型、密切型三类模式，其中绝大多数大陆法系国家属于密切型模式。参见王朝："欧盟各国独立行使检察权保障机制"，2016年上海研究生学术论坛，未刊稿。

式的选择与上述国家检察制度的发展历史紧密相连。在欧洲大陆国家，检察官是“法律守护人”，承担着客观性义务，既要收集有罪证据也要收集无罪证据，并且在庭审过程中保持中立。例如，在法国，根据法国1958年宪法第8篇规定，司法官仅限于法官，而并不包括检察官。同时，基于检察官隶属于行政部，也就等同于行政人员，其应当遵循上下一体的行政活动原则[①]。然而，在此后颁布的司法官组织法中，却将检察官赋予司法官的身份，并与法官享有相同的权利和义务。[②] 直到1993年，法国宪法委员会解释认为，“因为检察官作为法律的看门人，其主要功能在于保障公民权利，所以法国宪法第66条所规定的司法权，对于检察官一并适用。该解释系在宪法层面首次承认检察官的司法官性质”。在德国，检察官虽然引进于法国，但当时的德国并非完全被动地接受，而是予以主动学习和吸收。这主要是因为，在19世纪初期，德国国内取消刑事纠问程序的呼声较高，作为解放和保障民权手段的检察制度则顺理成章地从法国加以引入。这样的时代背景注定了德国检察制度的价值追求不同于其他国家，它更加注重实现法律而非国家权力的意志，更加注重检察官客观义务的追求[③]。而在英美国家，则将检察官视为诉讼过程中的一方当事人，在庭审中承担指控者角色。[④] 在监督制约上，大陆法系国家注重内部监督制约机制，而英美法系国家则主要通过检察人员行业组织和职业规范防止检察权的滥用。

二是在检察权配置方面。域外检察官办案责任制模式的多样化也与各国（地区）检察权的职责配置密切相关。职权配置的不同，使检察官办案责任制呈现多样化趋势。具体而言，在欧陆国家，检察官被赋予众多职

---

① 甄贞等主编：《检察制度比较研究》，法律出版社2010年版，第62页。

② 万毅：“法国检察官的身份之谜”，载《检察日报》2015年8月4日，第3版。

③ ［德］克里斯蒂安·瓦格纳：“德国检察机关”，载《中德法学论坛》2005年第3辑，第8页。

④ Krug, Peter. (2002). Prosecutorial Discretion and Its Limits. The American Journal of Comparative Law, Vol. 50. P. 645.

权，参与刑事诉讼整个过程，如在德国，检察官在刑事诉讼方面的职权主要分为侦查权、公诉权和刑罚执行监督权，具体包括：（1）受理对刑事犯罪的检举；（2）领导和指挥警察进行侦查；（3）可以暂时采取拘留、逮捕、搜查、扣押等强制措施；（4）决定是否提起公诉；（5）不起诉；（6）在审判程序中代表国家出庭公诉；（7）在认为必要时提起上诉、抗诉和要求复审；（8）对已经生效的判决，检察官有权提出缓期执行或者监外执行的要求；（9）监督刑罚执行①。在英美国家，检察官职权有限，主要限于代表国家提起公诉，如在美国，检察官在刑事领域的职权主要包括侦查权和公诉权两种，侦查权主要限于要求和继续侦查两种，② 公诉权包括起诉权、不起诉权、量刑建议权、辩诉交易权等内容。美国检察官在办理刑事案件过程中的公诉权裁量性极大，以至于其被视为刑事司法体系中居于“枢纽”或“核心”地位。此外，国体、政体等政治因素对检察官办案责任制的影响也较大，如此也决定了其检察官办案责任制内部多样性的形态。例如，美国由于其联邦制政体构造，在检察机关实行双轨制，从而使检察机关并非统一系统，而是相互独立的，由此形成其多样化的特征。

二、检察官办案责任制的共同性

尽管域外检察官办案责任制模式具有多样性和丰富性，但是基于检察规律的内在要求，在基本原则构建上呈现出某种程度的统一性和一致性。

一是在办案组织上都承认检察官作为检察权运行的主体具有相对独立地位，将其作为基本办案单位或组织，只是这种独立性程度有所不同罢了。在欧洲大陆，检察机关虽然属于行政机关，实行“检察长负责制”，检察官以检察首长名义行动，要接受上级检察官的指挥和领导，坚持检察系统的集体独立原则，具有较强的科层制历史传统。但是，基于经济和效

① 程德文：“德国检察官在刑事诉讼中的作用”，载《国家检察官学院学报》2006年第4期，第152页。

② 甄贞等主编：《检察制度比较研究》，法律出版社2010年版，第320页。

率的考虑，检察官在办案中仍具有相对独立地位，如对“书面服从，口头自由原则”“合法性原则”的遵循，也就是说，检察官是集案件决定权和承办权于一体的独立组织①。在意大利，检察长虽然可以分配案件，但检察长与检察官之间并无等级化的领导权，只是从纪律角度进行监督，而不能就具体案件下达指令。② 在英美国家，虽然也实行“检察长负责制”，检察长对具体办案的检察官拥有指挥监督权，但是在检察办案过程中，也都强调检察权由检察官个人行使，检察官的职权等同于检察长，检察官有权自行决定侦查和提起诉讼并由个人负责。当然，域外检察机关之所以都承认检察官的相对独立性，并且将独任制作为基本办案组织，并非巧合和偶然，而是基于对检察官行使职权判断性的认识，特别是这种判断涉及对案件事实的取舍与法律适用的确认。随着科技的发展，有组织、团体型、涉众型犯罪越来越多，检察官协同办案也越来越多，但这只是办案组织形式的发展和变化，也未改变检察官独立性的定位，并未改变独任检察官作为基本办案组织的地位。

二是在运行机制上均厘清检察官与其他主体之间的内部职权关系，在检察独立与检察一体中处于变动状态③。虽然检察一体对检察独立具有一定的侵蚀作用，但是检察一体的目的却在于服从、服务于检察独立，这是检察一体的正当化所在。在法国，根据刑事诉讼法第 33 条规定，检察官在制作书面起诉书时要受到刑事诉讼法第 36 条、第 37 条和第 44 条规定的指令限制，但是在法庭上进行口头陈述时则不受该指令的限制，而是有权根据个人的内心确信，在庭审中口头开展他们的论据，甚至可以支持其书面结论拒绝采纳的意见，提出公诉意见之外的个人看法。在英国，检察官独立办案权受到法律保障，检察长虽然可以对检察官的办案进行指导，

① 魏武：《法德检察制度》，中国检察出版社 2008 年版，第 171 页。

② 王超：“欧盟各国独立行使检察权保障机制”，2016 年上海研究生学术论坛，未刊稿。

③ 陈云生主编：《中国特色检察制度的完善——理论创新和大制设计》，中国检察出版社 2016 年版，第 29-30 页。

但是这种指导意见有待检察官独立作出。此外，域外国家和地区在对检察长指令权进行限制方面具有相似性，即要求指令必须由合法主体发出、不得违反法定原则、客观义务，必须采取书面方式、指令内容受到限制等[①]。

三是在责任机制上均呈现出高度的限制性和审慎性。虽然有关检察官的性质和定位仍然处在争论之中，甚至没有最终的定论，但是无论欧陆国家还是英美国家，都将检察官作为承担特殊司法职能的诉讼参与者，并在责任机制上区别于普通的行政官员，参考或者依据司法官的制度进行责任设置、认定和追究。例如，在德国，对联邦检察官的正式惩戒程序与对联邦法官的惩戒程序基本相同，由对法官进行惩戒的联邦职务法庭进行裁判，正式惩戒程序包括终止处分、暂时停职处分、停薪处分等内容[②]。又如，在英国，因检察官在办案中行使自由裁量权而形成的违法违纪，应由司法部门进行审查，并由其内部进行处分，其他部门不得干预。

四是在监督机制上均呈现出高度的程序性和法定性。当前，虽然对于检察官的监督分为内部监督和外部监督、日常监督和定期监督、刚性监督和柔性监督等多种方式，但是基于监督的效果、效力和效用，程序化和法定化的监督机制被各国检察机关所采用。例如，在美国，采取民主责任制，让检察长向选民负责。[③] 同时，实行选民监督和职业内部监督并行，特别是职业内部监督在监督效果上更为明显，在监督方式上更加凸显程序理性。又如，在英国，从总体上来看，检察机关对议会负责，在个案中则向被告人和被害人负责。[④] 而在欧洲，则是通过法治原则来约束检察官的行为，对其行为边界进行监督。此外，还通过科层制结构对其行为进行内部行政审查。

五是在保障机制上均呈现高度的充分性。联合国《关于检察官作用

---

① 谢小剑：《检察制度的中国图景》，中国政法大学出版社 2014 年版，第 18 页。
② 怀效锋主编：《法院与法官》，法律出版社 2006 年版，第 273 页。
③ Steve W. perry, Bureau of Justice Statistice, Prosecutors in state Courts, 2005.
④ 甄贞等：《检察制度比较研究》，法律出版社 2010 年版，第 78 页。

的准则》对于检察官的服务条件作出具体要求，“检察官的服务条件、充足的报酬，在适用的情况下其任期、退休金以及退休年龄均应由法律或者颁布法规或条例加以规定”。检察官保障机制的充分性是相对于行政人员而言的，从域外检察官保障机制来看，对检察官的保障，多数国家参考法官的保障模式，在保障机制建设上可分为资格保障、行为保障和福利保障等多种形式。[①] 例如，在法国、德国等欧陆国家，检察官与法官实行单独工资等级标准，两者工资待遇相同。又如，在俄罗斯，对检察官的保护采取立法方式进行，具体到带薪休假、工资构成、保险金数额等。[②]

三、检察官办案责任制的变动性

因为具有稳定的结构和特征，域外检察官办案责任制可以归结为不同的模式，但这并不意味着上述模式是固定不变的，相反，对域外检察官办案责任制的研究表明，域外检察官办案责任制始终处于变动之中。这既与检察官办案责任制的影响因素有关，也与检察机关追求公正和效率的目标有关。正是在上述复合因素的影响下，域外检察官办案责任制的模式虽然保持基本稳定，但却始终处于变动和自我改革之中。

一是司法效率价值导向下的变革。迟到的正义为非正义，随着网络社会的来临，刑事案件不断增加，迫切需要检察机关以提升办案效率来应对这种社会变革。部分国家在检察官办案责任制改革中凸显了司法效率价值。例如，在德国，随着刑事案件的不断增加，迫切需要增加检察机关的灵活性，检察权的裁量性愈加增大，警察移送到检察院的“侦查终结”的470万件案件中，大多数案件的命运是由检察院决定的，几乎没有外部审查。[③]

---

① 张永进：“德国检察官办案责任制及其启示”，载《德国研究》2015年第3期，第80页。

② 吴玲：“俄罗斯司法体制概述”，载《中国司法》2004年第4期，第89-91页。

③ ［德］托马斯·魏根特：“检察官作用之比较研究”，张万顺译，载《中国刑事法杂志》2013年第12期，第119页。

二是司法公正价值导向下的变革。例如，在法国，随着欧洲一体化进程的加快，欧洲人权法院的裁判对其检察制度的运行产生很大影响。在2010年3月29日欧洲人权法院有关Medvedyev[①]一案的裁决中，对于检察官的司法官属性提出了质疑，该判决指出："法国检察官并非属于欧洲人权公约所指的司法官，这主要是因为法国检察官欠缺独立于行政权之外的属性。"又如，在我国台湾地区，由于检察办案组织形式之一的"特侦组"独立性较强又位高权重，沦落为政治打击的工具，最终被予以撤销。[②] 正是受制于上述不同因素，传统上的检察官办案责任制模式正在逐渐发生改变，这些改变正是检察制度适应社会发展、实现自我调整的外部表现。此外，在监督机制上，随着大数据时代的到来，基于案件数据管理技术的发展，增强了监督的透明性和可控性。

第二节　域外检察官办案责任制的启示

一、改革定位上应当注重规律性和预见性

尽管我国当前司法责任制试点改革取得了一些成绩和突破，但是通过对比域外检察官办案责任制，可以发现我国检察官办案责任制改革仍然重任在肩。当前已经进行的改革从起因来看，主要是基于提高检察工作效率，而非基于司法直接性和亲历性所要求的内在规律。无论是主诉检察官办案责任制改革，还是当前主任检察官制度试点改革，都是在扬弃"三级审批制"的繁杂和耗时，而主要实现检察办案的扁平化管理[③]，从而评价改革成败的重要指标之一便是办案效率。因此，应当明确检察官办案责

---

① Medvedyev et autres and Others c. v. France, 3394/03, 29. 03. 2010, par 73.

② 刘强："台湾特侦组熄灯号吹响：打虎十年终遭反噬"，载《海峡早报》2016年8月12日，第2版。

③ 郑青："关于检察官办案责任制改革的几点思考"，载《检察日报》2014年1月8日，第11版。

任制改革的目的主要在于建立检察权独立公正高效行使的基本方式，而非仅仅提高检察工作效率，这样的改革定位必然在检察官办案责任制设置上，兼顾独立、公正要素。检察官办案责任制改革意在优化检察权运行机制和办案责任认定、追究机制，使检察办案符合司法运行规律和特征。这就要求在完善办案组织、优化办案职能、提升办案效率、强化办案监督、健全责任追究等方面进行系统整合和综合改革，不能定位错误，顾此失彼。同时，要遵循域外检察官办案责任制所体现的司法规律，即权力与责任相统一、公权力分工制约、司法公开、程序正义、司法权威、司法高效等规律。

二、改革目的上应当注重本土性和实践性

从改革的目的来看，在于实现“谁办案谁负责，谁决定谁负责”，并且在办案组织上确定了“独任检察官和检察官办案组”两种形式。然而，检察官办案责任制却成为检察官实施具体诉讼行为，检察长决定诉讼效果。如此，人为地将办案实施权与决定权进行了分离，从而使检察官成为从事某种诉讼行为的资格而非职务。针对检察历史和现实，确立检察官的办案主体地位，同时顺应时代发展，优化检察官联合办案等检察一体化建设，实现检察一体和独立行使检察权的中国化改革。① 针对当前检察一体化制度上的独立行使检察权的极度稀缺，未来改革应当在检察一体化方面进行规范和优化，在独立行使检察权方面应当增强和保障。此外，针对当前“侦查中心主义”的司法现实，未来检察官办案责任制改革还应着力于构建以审判为中心的诉讼体制，根据职能性质，将检察权科学划分为诉讼监督权、侦查权、公诉权和部分司法性权力，并根据不同权力性质，确定检察权运行模式。

---

① 张永进：“从有限放权到相对独立：主任检察官制度改革评析”，载《甘肃政法学院学报》2015 年第 4 期，第 116 页。

三、改革内容上应当注重综合性和协调性

检察官办案责任制改革方案并未与我国检察权的配置相协调。从我国检察权的配置上看，其主要包括部分职务犯罪侦查权、诉讼监督权、公诉权和部分司法性权力。我国检察机关的职权配置集侦查、司法、监督于一体，按照这种权力定位，检察官办案责任制改革应当体现不同权力实现的要求，而非一种模式。第一，应当回归检察官的独立性本元，在此基础上，根据现实需要，合理组建办案组，实现检察一体和独立行使检察权的动态协调。第二，根据检察职能属性，科学划分检察职权，并明确不同职权运行方式。第三，在承认检察官相对独立地位的同时，通过阳光动态监督机制，防止检察权的滥用，重塑上下级检察官之间的领导关系，确立其法治化、指令化、公开化的领导机制，在内部领导上，实现从注重身份人事管理到注重业务行为监督的转化，从而实现独立行使检察权与检察一体的统一。第四，加强对检察官的保障，应当在当前省级人财物统筹的基础上，进一步确立适合检察官特性的薪酬机制、福利机制和人身保障机制。第五，实现检察办案责任的科学划定和合理追责。检察官办案活动不同于一般行政或司法活动，要根据其办案特点，科学设定责任，根据其参与情况，合理追究责任，进而构建公平合理的责任追究机制。

第三节　域外检察官办案责任制的借鉴

一、完善检察机关办案组织

（一）明确检察官相对独立地位

（1）明确检察官相对独立地位的遵循原则。检察官相对独立应当遵循上级领导下级，检察长统一领导检察院的宪法原则，即检察一体化原则，这是检察官相对独立的边界所在。这就需要重新衡定检察长负责人与检察官办案责任制之间的关系，确保相对独立与检察一体的统一。同时，

检察官相对独立是依法独立，需要遵循法治原则，其对于上级的违法指令可以拒绝服从，并且因此而免予追责。

（2）确立检察官的办案主体身份。这就要求在三大诉讼法中有关检察权的运行主体部分，明确规定由检察官这一个体行使，而非检察院这一集体行使，进而确保检察官作为检察权的享有者，成为事实上的办案主体，进而为检察官相对独立地位提供程序法保障。此外，确立检察官的办案主体地位也就意味着检察官不再是没有自己意志的“承办人”，而是具有独立人格和意志的“主体人”。①

（3）赋予检察官相对独立的职权和自由。承认检察官相对独立的地位，就必然要承认其固有职权和固有自由。这就需要明确其职权来自于法律授权，而非检察长的委托，明确其对于案件事实认定、证据采纳等领域具有专属权限，任何外部主体不得进行干预和变更，进而实现检察官办案执行权和决定权的结合。②

（二）重塑检察机关办案组织

（1）明确独任检察官作为基本办案组织单元。一是将独任检察官作为检察办案活动组织的基本形式。明确其作为办案主体，承办案件，同时根据需要配备必要的检察辅助人员，厘清检察官与检察辅助人员的职责权限关系，突出检察官在办案活动中的主体作用，使其在证据判断、事实认定方面发挥决定性作用。当然，独任检察官作为检察办案活动组织的基本方式并不排斥听取他人的意见，相反，在遇到疑难问题时仍然可以通过检察官联席会议等方式听取其他检察官的意见，从而有利于科学决策。二是赋予检察官相对完整的检察权。当前，改革试点中的权力清单制度将检察

---

① 对于检察官主体地位的确立，有学者认为应从三个方面进行：以检察官独立判断为主、以检察委员会集体决策为辅；以检察官代表国家履职为主、以检察长管理检察工作为辅；以检察官独立办案为主、以业务部门负责人监督指导为辅。参见谢鹏程：“论检察官主体地位”，载《国家检察官学院学报》2017 年第 4 期，第 77 页。

② 张永进：“从有限放权到相对独立：主任检察官制度改革评析”，载《甘肃政法学院学报》2015 年第 4 期，第 116 页。

权的内容和种类进行了明确列举，并分别赋予检察官和检察长（检察委员会），这种赋权，对于突出检察官办案主体地位意义重大。然而，纵观检察官所被赋予的检察权，多为执行权和建议权，少有决定权，从这一角度来看，检察官所享有的检察权是不完整的。为确保独任检察官作为基本办案单元，就需要赋予其相对完整意义上的检察权，这也是执行权、建议权和决定权合一的效率要求，同时也是提高检察官职业化、专业化水平的需要。

（2）明确检察官办案组作为基本办案单元的补充。随着现代社会的发展，犯罪活动日益呈现组织化、复杂化和多样化特征，单一的独任检察官已经难以满足司法办案的需要，对此，以团队式、协助式等为表现方式的检察官办案组开始出现，成为有效治理犯罪、促进诉讼进程的重要保障。因为相比于个体决策逻辑推理，组织（群体）决策可以在多个选项中作出较为合理的选择，具体到检察办案中，检察官办案组可以更好地适用法律，也可以实现组内的内部监督。因此，检察官办案组作为办案组织形式有其存在的必要性。然而，即便如此，检察官办案组仍然是以独任检察官为基础成立的协作办案组织，其成立和发展并未改变这一基础。这就要求检察官办案组应当作为独任检察官办案组织形式的有益补充，合理确定其适用范围。一是在适用范围上，以司法解释等规范性文件，明确重大、疑难、复杂案件的条件，进而适用检察官办案组组织形式。二是赋予检察长指定办案组织形式的指令权，作为随机分案制度的有益补充，确保检察一体化协作的合力和有效。三是优化检察官办案组的内部结构，在确保检察官相对独立的条件下，实现主任检察官与普通检察官之间关系的协调和规范化。四是在特定条件下，赋予固定办案组织内检察官的独立办案权，即仍将其作为独任检察官承办案件，如此则有利于充分利用有限的司法资源。

（3）限缩检察委员会作为办案组织的功能。检察委员会作为办案组织，亲历性欠缺、责任难以追究，群体决策模式在司法办案中存在不足。虽然当前认为检察委员会与检察官办案责任制改革并不冲突，并且现有规定已经限缩了检察委员会在案件决策中的范围。[①] 但是，笔者认为，在检察官办案责任制改革中，除限制检察委员会个案决定的范围外，还应进一步规范个案决策的程序、方式及责任追究机制，即只限于检察官与检察长意见不一致的个案，同时个案决定主要进行法律适用上的评论，对于事实证据部分不作决定；在责任追究上应当遵循主客观相一致原则，注重对其履职的评价和考核，这就要求完善检察委员会会议记录机制，通过会议记录明确责任链条，做到责任到人，追责有效[②]。未来检察委员会定位应当从目前的决策、咨议和监督三大功能逐渐调整为指导、咨议和监督新的三大功能，即将个案决策为个案咨议，取消其拥有的个案决定权。[③] 即使要保留对疑难案件的讨论和决定权，也应当把大部分案件的决策意见定位于决策咨询性质。[④] 此外，在程序上还应被动启动，限制检察长随意启动。

二、完善检察权运行结构

（一）在检察权归属主体上实现周延化

任何改革均要依法进行，这是国家法治化的内在要求。针对当前改革试点单位在检察职权清单中忽视甚至忽略检察委员会的现象，建议在检察权力清单制定上，改变由“检察官+主任检察官+部门负责人+检察长”或者“检察官+检察长+检察委员会”的划分方式，而是将权力清单的主体限定为“检察官+检察长”两元主体，并且采取负面清单形式，明确除法律明确保留由检察长（检察委员会）决定的，其他检察职权都由检察官行使，从而以法律为标准，将检察官与检察长（检察委员会）之前的职权进行划分。首先，在检察权的权力边界明确性原则下，采取负面清单方

① 龙宗智：《检察制度教程》，中国检察出版社 2006 年版，第 133 页。

② 张自超：“检察官办案责任制与检察委员会决策制的冲突与协调”，载《河南社会科学》2015 年第 9 期，第 64 页。

③ 刘昌强：《检察委员会制度研究》，中国检察出版社 2013 年版，第 254 页。

④ 谢鹏程：“检察官办案责任制改革的三个问题”，载《国家检察官学院学报》2014 年第 6 期，第 18 页。

式可以最大限度地分权和授权，厘清检察长与检察官的权力边界；其次，基于检察权内容的多样性，完全列举检察官的权力不够现实，而通过“抓大放小”原则，列举检察长的权力则存在可行性。最后，根据我国宪法、刑事诉讼法等法律规范，对检察长的决定性权力进行梳理也较为可行。

同时应当注意，在检察长与检察官的权力归属划分上，并非存在此消彼长的关系，而是可以通过指挥监督权进行合理转化。对于“未列举的办案事项决定权归检察官行使的形式，与公权力的法无明文规定即不得行使的规律相悖”的质疑，笔者认为，此种认识错误地将“法定原则”简单等同于“法律明文列举原则”。首先，从法定原则的目的来看，其主要规范公权力的行使边界，而非用于厘清公权力内部不同主体之间的边界，这是法定原则与组织原则的区别所在。其次，就检察官权力清单而言，采取负面清单抑或正面清单的形式，不在于是否遵循法定原则，而在于是否承认检察官的相对独立地位，是否明确检察权的运行主体，只要在这个方面有所认识，即明白正面清单或负面清单的不同应用所在。

（二）在检察权划分标准上实现规范化

当前，有关检察机关权力清单的划分主要依赖于检察机关的职能而进行。由于对检察职能认识不一，以至于对检察权的划分存在多样化和混杂性。[①] 此外，对于纷繁复杂的检察权内容，可以分别依据权力的法律属性、涉及的事项及运行的特征进行分类。根据权力的法律属性，检察机关权力清单分为司法属性检察权、行政属性检察权和监督属性检察权；依据涉及的事项，分为事务性检察权和终局性检察权。上述划分是对我国检察

---

① 关于我国检察机关的职能可分为三分说（公诉、侦查和诉讼监督）、四分说（侦查监督、审判监督、执行监督、民行监督）、五分说（检察侦查权、批准和决定逮捕权、公诉权、诉讼监督和其他职权）、八分说（职务犯罪侦查权、审查逮捕与侦查监督权、公诉与刑事审判监督权、救济权、刑罚执行监督权、民事诉讼监督权、行政公诉与行政诉讼监督权、法律话语权）。参见向泽选：“新时期检察改革的进路”，载《中国法学》2013 年第 5 期。

权内容的传统划分，从根本上讲是一种静态划分，虽然对于深化检察权属性认识具有重大意义，但是上述划分却无法解决检察权的运行问题。

（1）检察官的权力类型。从过去“三级审批制”的权力分配来看，在科层制内不同主体的权力是不同的，其中建议权和承办权一般属于检察官，监督权属于部门负责人，决定权则由检察长（检察委员会）行使，虽然这种权力运行机制已被理论界和实务界所扬弃，但是其关于检察权的动态分类却值得借鉴，并且契合了检察官办案责任制的改革目的。因此，依据检察权的运行特征，可分为执行性检察权、建议性检察权和决定性检察权。其中，执行性检察权主要是根据决定者的意思内容展开具体工作，提供保障、辅助性业务。决定性检察权是指对重要事项或重大行动作出安排等。建议性检察权则是对重要事项或决定提供参谋和意见的权力。上述三类权力中，决定权应当是最为重要的权力配置，因为在没有实施司法责任制之前，检察官也具有收集证据、认定事实的执行权和建议权。所以，检察官权力清单应当围绕检察事项决定权的归属进行界分，这也是检察权运行中最为核心权力的划分。由于我国检察权的属性多样，不同属性下的检察官办案事项决定权大小并不一致，这自不待言，应当属于检察官的权力配置部分。

（2）检察长的权力类型。在各地的权力清单上，对于检察长的权力虽有“决定”“批准”“审核”“领导”“监督”等多种表述，但从检察长负责制的检察体制分析，检察长除作为检察官行使办案决定权外，还应当作为检察首长对于检察官的办案活动行使检察指挥监督权。检察长的权力集中于领导权和监督制约权两类不同性质权力。基于检察权划分的规范性和检察官权力的对应性原则，对于检察长的领导权应当表述为“办案事项决定权”，对于其监督制约权应当表述为“审核权”，因为审核权意味着权力已经授予或单独分立，检察官能够相对独立作出自己的决定，但基于检察一体化原则，检察长基于监督权可以再次核定。如果检察长认同检察官的处理决定，那么检察官的决定就是对外的终极决定，如果不认同，则依据办案事项决定权改变检察官的决定，进而以改变后的决定成为对外的公开决定，从而在责任划分和追究上实现“谁决定谁负责”。

（三）在检察官权力配备上实现区别化

关于检察官权力的配置，有学者进行了相关研究，认为在检察长与检察官关系上要注重三区分原则：一是将积极、主动履行法律监督职能的启动权赋予检察官行使，促进侦破犯罪案件；二是贯彻争议性原则，即有争议的案件强调程序的正当性和实体处理的正确性，而无争议的案件更强调诉讼的效率（速裁程序、认罪认罚从宽程序）；三是贯彻强制性原则。[①]龙宗智教授则提出了“大小原则、上下原则、书状原则、争议性原则和强制性原则”。还有学者认为应当考虑权力的性质、权力的影响和权力的行使特点三个方面。[②]上述学者从不同角度揭示了检察官与检察长权力配置的不同要求，对于深入研究检察官权力配置具有启发意义。笔者认为，应当在遵循检察权科学分类的基础上进行分类配置，从而确保检察官权力配置的科学性和完整性。因而，应由最高人民检察院制定全国统一的检察官权力清单。在我国，检察权从法律属性上看兼具行政属性、司法属性与监督属性于一身[③]，上述不同属性的检察权其运行方式、权力内容有所区别，对此，应当在权力清单制定过程中，根据检察权的属性分类配置于检察官和检察长（检察委员会）。

---

① 冯景和：《检察权以及独立行使问题研究》，中国检察出版社 2012 年版，第 123 页。

② 邹开红、杨福荣：“检察官执法办案责任体系研究”，载《中国检察基础理论论坛》2014 年，第 257 页。

③ 检察权的三重属性，由时任最高人民检察院检察长曹建明于 2015 年 7 月 7 日在大检察官研讨班开班仪式上的讲话中提出，得到专家学者和检察系统的高度认同。此后，最高人民检察院张德利专职委员在《〈关于完善人民检察院司法责任制的若干意见〉的说明》中也指出，检察权兼具司法属性、行政属性和监督属性，并进一步指出，权力属性的多元化、业务类型的多样化，决定了检察权运行方式的多元化。参见最高人民检察院司法体制改革领导小组办公室：《人民检察院司法责任制学习资料》，中国检察出版社 2015 年版，第 46 页。也有学者认为，检察权兼具行政属性、准司法属性和专门的法律监督属性。参见卞建林、许慧君：“论刑事诉讼中检察机关的职权配置”，载《中国刑事法杂志》2015 年第 1 期，第 3 页。

第一，对于司法属性较强的公诉权和批准逮捕权，应当凸显其独立性、亲历性和判断性。在权限内容上，主要限于办案事项决定权和相应的法律文书签发权。在配置方式上，采取负面清单模式，以概括方式将办案事项决定权配置予检察官，以例外方式配置予检察长。对于未列明的办案权力，则应由检察官行使，但同时落实检察长的领导权。同时，对检察长的领导权，除却办案事项决定权外，主要以审核监督方式进行，其司法行政管理权和司法事务管理权都应进行程序化和规范化改造。

第二，对于行政属性较强的侦查权，应当凸显其效率性、统一性和主动性。在权限内容方面，主要限于办案事项决定权和相应的法律文书签发权。在配置方式上，以列举加概括方式配置予检察官，将关键节点留置于检察长。在办案决定权列举范围上，要综合考虑对当事人权利、其他执法司法机关的影响程度，承办案件的重大、复杂、疑难程度等因素予以确定。对于关键节点的权责内容应当进行明确具体。对于未列明的决定权，原则上由检察长行使。

第三，对于监督属性较强的诉讼监督权，应当凸显其外部性、程序性和建议性，将推进性、内部性、事务性职权配置予检察官，将逆向性、外部性、终局性职权配置予检察长。同时，还应根据诉讼监督权的行使特征，看是否与诉讼职能一起行使，从而制定办案事项决定权分配的不同标准。对于与诉讼职能共同行使的，参照诉讼属性检察权的配置标准，对于与诉讼职能分开行使的，则可参考行政属性检察权的配置标准。此外，针对当前改革试点中主要将执行性、建议性、事务性职权配置予检察官，而缺乏终局性、决定性职权的现实，应当在检察职权清单中，使检察官兼具执行权和决定权，对于重大疑难复杂案件具有建议权，从而实现办案主体与决定主体的统一。同时，应当明确法律文书签发权并非与建议权、执行权相并行的独立权力种类，而应当服务于检察官办案事项决定权，并与其保持一致。当然，在必要条件下，检察长可书面要求检察官在自行签发法律文书前送请审核。此外，为确保入额检察长、主任检察官、部门负责人办理案件，减少审批，可建议对于重大疑难复杂案件，检察长、部门负责人、主任检察官应当尽可能地以检察官身份亲自承办案件。

（四）在检察官权力清单效力上赋予其法律性

为防止检察官权力授予的形式性和表面化，应当赋予检察官权力清单必要的法律效力和法律后果。一是检察官权力清单的强制性。应当明确，检察官权力清单不仅是检察机关各权力主体的内部规范，更是各主体应当遵循的强制性规范，必须按照权力清单规定的权力边界行使检察权，逾越或者怠于行使都要承担相应的法律责任。二是赋予当事人救济权和监督权。对于检察官逾越或怠于行使权力清单所授予的权力，作为诉讼当事人可以请求诉讼行为失效、重新进行诉讼行为，并追究相关人员责任。从而通过当事人的监督和制约，促使检察机关严格遵守权力清单的规定。三是检察官权力清单应当公开。由于检察官权力清单关系当事人的基本权利，并且具有一定的法律规范性，所以从提升司法公信力的角度而言，应当对当事人及社会通过多种形式进行公开。

三、完善检察官办案监督机制

从现有监督机制的内容来看，对检察官的监督主要是同步监督（办案流程控制）和事后监督（办案质量评查），并且在监督层次上设置了多重主体，既包括主任检察官对组内成员的监督，也包括部门负责人对部门检察官的日常监督，还包括检察长的统一领导监督。此外，案件管理部门的案件流程监督，人民监督员的外部监督等，可谓是对入额检察官构成了全方位、立体化、动态性的监督态势。然而，相对于“有限的放权”而言，“无限的监督”有可能是无效的，这种无效主要基于两个方面的判断：一是“无限的监督”主要是事后监督，而检察官的办案活动是基于内心确信的裁量性判断，从而造成监督者与被监督者事实上的信息不对称，很难对被监督者内心确信情况进行探究，故此，域外国家多是对检察官进行任职前设置严格条件，任职后进行宽松的监督；二是“无限的监督”增加了监督的层次和成本，容易造成过多的司法外主体干预检察官的办案活动，从而使以权力制约为目的的监督机制成为新的需要监督的对象。因此，在此基础上提出了检察办案监督有效性的概念。所谓有效性监督，是指基于监督者有限性的认识，从降低监督成本、提升监督效果上进行制度设计。从有效性的功能上来看，检察官办案监督机制的设置旨在防止检察官对检察权的滥用，解决“放权怕滥用”问题，这可谓是消极意义上的监督，除此之外还有提高检察官办案质量，解决“一放就乱，一管就死”的矛盾，此类监督可称之为积极意义上的监督。当然，这两类监督机制和措施并非泾渭分明，而是相互交织在一起，甚至有时是重叠的，如办案质量评查、办案流程控制等制度。也有部分监督机制的功能指向较为明确，可以明显判断出其发挥监督功能的价值趋向。例如，绩效管理考核、检察官联席会议制度等，旨在提高办案质量。据此，根据监督的来源，可从内部监督的有效性和外部监督的充分性两个层面进行讨论。

（一）内部监督的有效性

从域外比较来看，虽然检察机关内部设置了多层次的组织机构对其进行监督，但任何机构都不得对检察官在办案中的判断权进行干涉。部门负责人在监督和领导检察官的过程中非常尊重检察官的决定，不能直接改变其决定[①]。在我国，从检察权的纵向结构上来看，更加注重检察一体，实行严格的内部控制机制，并且随着省级以下人财物的改革而趋于加强。故此，加强内部监督的有效性，更可能在立法中被关注，具体而言，可从优化监督层级、改革监督方式、增强被监督者能力、注重常规监督与专项监督相结合、健全绩效管理机制等方面提升内部监督的有效性。

（1）优化监督层级。对于检察官办案的内部监督层级主要分为检察委员会、检察长和部门负责人的监督。对此，应当根据检察权的属性，分别配置相应监督层级：对于承载司法属性较强检察权的检察官，由于其权力运行中受到当事人、律师等主体的监督，在内部监督层级方面可适当减少，赋予其较大的办案职权；对于从事行政属性较强工作的检察官，由于

① 杨圣坤：“检察权内部监督的调整与发展——以检察官办案责任制改革为背景”，载《时代法学》2014 年第 6 期，第 50 页。

其裁量权较大，受到外部约束较少，对其进行监督的层级可适当增加，在办案过程中应当受到部门负责人、主管副检察长等人的监督；对于从事监督属性较强工作的检察官，可在上述两者之间进行选择，根据办案数量、外部监督等因素综合考量。此外，在优化监督层级的同时，还要分别区分不同层级的监督职责，对于检察委员会的监督主要立足于其重大事项的决策和内部纠错功能；对于检察长的监督应当主要立足于其对案件的审核权、转移权等程序性功能；对于部门负责人的监督应在于其对部分案件、部分文书的核阅作用。

（2）改革监督方式。在监督对象上，从注重对检察官的人身控制转变为对其行为轨迹的监督，这就需要案件的分配以随机为原则，以指定分配为例外，从而防止检察人事结构对检察职能的影响，确保机会公平。在监督程序上，从依据投诉举报等被动监督到注重主动监督风险预警，提高内部监督程序的可操作性。在监督内容上，从直接强制监督到间接平和监督转变，这就要求监督者不能直接改变被监督检察官的意见，而是主要通过提供参考意见、沟通协商等方式进行。在监督方式上，注重动态化、实时化监督，这就要求对于检察官的办案必须全程在检察统一业务系统上留痕，并且与公安、法院等部门进行衔接，进而实现办案信息录入在平台、办案流程操作在平台、办案情况审批审核在平台、办案结果反馈在平台。

（3）增强被监督者能力。要严格选拔标准，注重职业道德和职业伦理教育，使被监督者提升自身能力和素质，从而降低职业风险。这就要求案件管理部门人员既要熟悉案件流程、程序等法律知识，也要掌握相关信息技术，做好案件质量评查等办案流程监督。同时，检察长、分管副检察长、部门负责人要通过亲自办案，提高业务能力和水平，加强对实体办案权的监督。此外，通过健全检察官联席会议制度，辅助检察官提高办案的决策能力。

（4）注重常规监督与专项监督相结合。在常规监督上，主要分为案前监督、案中监督和案后监督。其中，案前监督主要基于随机分案系统，实现公平分案；案中监督主要依据案件管理流程控制和办案核阅制度进行监督；案后监督则依赖于案件质量评查和错案责任倒查进行监督。专项监督则是在常规监督的基础上，通过定期组织案件专项评查和抽样评估，并将上述评估结果记入检察官执法档案，作为责任认定和追究的依据。

(5) 建立健全绩效管理机制。绩效管理或者称之为绩效监督，重在提高检察官的办案质量，实现检察官以案定额、以案定责、以案定补。① 在绩效管理内容上，综合检察官履职情况、办案数量、办案质效、司法技能、外部评价等内容，通过共性比较和综合评估，全面考量检察官的业绩。此外，"互联网+"时代的到来，为检察官绩效管理的实施提供了可行条件，案件管理等部门将检察官办案活动的关键节点予以电子化记录，形成检察官办案活动数据库，这些数据的汇集和整理可以为检察官的绩效管理提供科学真实全面的数据支撑。

(二) 外部监督的充分性

检察权的外部监督主体包括执政党、新闻媒体、人大代表、政协委员等，但是由于上述监督存在分散化、抽象化、偶然性等不足，真正的常规性外部监督机制并不存在。直到2003年，人民监督员制度试点以后，检察权的外部监督问题才真正开始涉及。2003年9月，最高人民检察院报告全国人大常委会并经中央同意，决定开展人民监督员试点工作。人民监督员制度是公民实质参与检察权监督的有益探索②，并取得一定效果。2015年，《深化人民监督员制度改革方案》经中央全面深化改革领导小组通过，该方案改革了人民监督员选任和管理方式，扩大了人民监督员监督范围，完善了人民监督员监督程序，对于完善检察权的外部监督制约机制具有重要意义。2016年，司法部会同最高人民检察院出台《人民监督员选任管理办法》以及最高人民检察院出台《关于人民监督员监督工作的规定》。根据两份文件，人民监督员由司法行政机关负责选任管理，可对

① 龙宗智："法官业绩考核的'相对合理'"，载《人民法院报》2017年7月9日，第2版。

② 陈卫东："公民参与司法：理论、实践及改革——以刑事司法为中心的考察"，载《法学研究》2015年第2期，第8页。

检察机关办理直接受理立案侦查案件工作中存在的11种情形实施监督。然而，由于文件存在内容概括、效力有限、形式单一、条件模糊等问题，急需将上述方案予以细化，并在试点中总结经验，最终以专门的《人民监督员法》进行规范，通过科学设置人民监督员选任方式，实现人民监督员选任由内部到外部的转变，提高人民监督员选任的民主性；通过拓展监督案件范围，提高人民监督员作用的广泛性，将人民监督员监督范围拓展至所有审查起诉的案件；通过规范和完善监督程序，增强人民监督员监督范围、阶段、方式及程序的规范性和法定性；通过明确监督效力，确保人民监督员监督的有效性。除赋予监督员复核权外，还可设置特定条件下的法律强制力，实现对检察权的有效外部制约，促进权力的自我规训和抑制。

四、完善检察官司法责任机制

（一）检察官办案责任设定的法治化

1. 在司法责任追究依据上，确保符合正当性

一是明确司法责任追究的“可责难”原则。司法责任追究属于责任追究的一部分，也要遵循“可责难”的基本要求。“可责难”原则是追究检察官司法责任的道义基础和价值依据，也是对其进行惩戒的底限。“根据责任归因的原理，司法人员惩戒的正当性必然是和检察官、法官个人原因相联系的，并且这种原因还是检察官、法官个人可以控制的。”[①] 这就要求，在主观上具有过错性，在客观性具有危害性，并且两者之间具有直接的因果关系，从而实现责任追究依据的正当性。[②] 二是司法责任应当限于“司法过程中”或“履职过程中”抑或“办案过程中”的责任，具有

① 姚建才：“错案责任追究与司法行为控制——以佘祥林‘杀妻’案为中心的透视”，载《国家检察官学院学报》2005年第5期，第35页。

② 也有学者认为，应以“行为中心主义”为标准确定归责依据，即行为的不当性、主观的过错性，并且行为不当是主要标准，主观过错是辅助标准。参见王迎龙：“司法责任语境下法官责任制的完善”，载《政法论坛》2016年第5期，第140页。

时空限定性。这就意味着检察官办案责任并不是一种责任形式，也不是独立的责任体系，而是一种由特殊主体（检察官）和特殊时空（办案过程中）所形成的责任体系。三是确保司法责任追责依据的合法性。合法性原则意味着检察官承担司法责任要符合上位法的规定和精神，除了现行法律之外，不得额外设置司法责任。此外，司法责任不应是检察官责任的全部，它只是在履职过程中出现过错时应当承担的责任。四是科学划分司法责任的形态。根据主观过错程度，将司法责任分为故意违法违规责任和重大过失责任两种形态，从而实现责任追究依据划分的周延性。

2. 在司法责任追究范围上，应当采取个案评鉴

一是明确司法责任追究的实质性损害标准。检察官司法责任具体表现与《刑法》相关条文之所以相一致，是因为两者都侵害了特殊的法律秩序利益，对诉讼秩序造成了实质性损害。因此，在司法责任追究范围上，与其不断增加表现形式，不如确立法律秩序的实质性损害标准，从而满足司法责任追究范围不断发展的需要。二是统一规定司法责任追究范围。根据《检察官法》所确立的“检察官非因法定事由，非经法定程序，不受非法追责”的原则要求，对于检察官司法责任的追究范围，应由国家统一立法进行规定，各地在司法实践中不得突破追责范围，不得恣意扩大或限缩。三是司法责任追究范围应以个案评鉴确立参考标准。基于司法活动的专业性和信息不对称性，对于检察官司法责任的追究范围，在以基本条文明确的同时，还应当注重通过检察官惩戒程序，利用个案评鉴，作出参考案例，确立具体是否存在及存在范围的标准。

3. 在司法责任追究主体上，公平认定责任归属

检察官办案责任制改革就是实现检察官的办案主体地位，实现检察权在不同层级检察官之间的科学划分。科学的司法责任划分，有利于实现“责权利”相统一，也有利于实现检察权运行的纯洁性。根据“谁决定谁负责，谁办案谁负责”原则，科学认定司法责任，因为司法责任的承担必须与司法职权的配置相一致才具有正义性。在厘清检察长、主任检察官、检察官、检察辅助人员职权的基础上，由办案事项决定者和改变原办

案事项决定者承担司法责任。一是科学设置检察权运行主体。基于检察官相对独立性的定位，将办案组织确立以独任检察官为基本原则，从而明确检察权运行的主体为检察官，除检察官外，主任检察官、检察长乃至检察委员会所行使的乃是检察一体原则下的监督管理权。二是以“决定权”作为认定依据合理区分不同主体职责。基于目前检察事务决定权在不同主体下的共享状态，下一步应当将检察事务决定权归还检察权运行主体的检察官，从而实现承办权与决定权的统一。此外，对于检察长、检察委员会依托监督管理权改变检察官决定事项的，应以其决定改变的范围和事项承担相应司法责任。三是重新审视检察官办案组的责任认定，确保检察官办案组内的司法责任的科学划分。这就需要根据检察官办案组类型，科学定位不同类型检察官办案组内主任检察官、检察官以及检察官助理的职责。首先，对于领导型检察官办案组，由于主任检察官承担决策者角色，检察官和检察辅助人员在其指令下办理案件，故应当在责任认定上有所区别。主任检察官应当对其过错或重大过失决定承担司法责任，检察官及检察辅助人员应当对其办案行为承担司法责任。其次，对于指导型检察官办案组，由于主任检察官主要发挥办案组织监督者、组织者、管理者的作用，故而，对其司法责任的设定应当限于案件的组织、监督、管理活动，对于承办检察官的责任设定应当基于其承办人地位，对其决定的过错进行追责。最后，对于检察辅助人员，应当根据其办案行为的过错程度进行责任认定，从而确保追责的合理性和公平性。

4. 在司法责任免责上，健全司法责任豁免制度

司法豁免是司法责任界限的前提。关于司法豁免，其历史悠久并成为当前一项重要司法共识，其基本内容为司法官在办案活动中只要尽到必要注意义务的，即使造成司法错案发生也不承担责任。因此，在司法责任界限上，应以豁免为原则，以承担为例外。通常行为时没有意志自由，就不

必对行为承担责任；同样，没有权力在手，也不必为权力的运作后果承担责任。[①] 这就要求在司法责任追究上要坚持主观过错与客观行为相结合，公平合理地认定司法责任。主观过错是指办案中实施不当行为的故意或过失，客观行为是指造成具体后果的实际行为。具体可分为故意违法的责任和重大过失且造成严重后果的行为。[②] 只要检察官在办案中没有导致冤假错案的发生，归属司法瑕疵的，可以在业绩评价体系中予以记载，而不宜追究其刑事责任。也就是说，判断检察官是否承担司法责任的核心在于是否发生上述行为，上述行为与严重后果之间是否具有因果联系。由于司法责任界限的判断是一个主客观相结合的内行评价过程，因此没有明确的标准，而需要借助于公正的程序审查，从而避免以结果论责任。一是确立司法责任之外无责任的原则。司法责任本就是对检察官执法办案中的不当行为进行的惩戒。根据程序法定原则，对于没有设定司法责任的，应当不仅不应追究司法责任，还不应追究其他责任，也就是说，对检察官违纪行为的处理应以法律法规为依据。二是明确司法责任免责的边界。司法责任的免责事由是从反面限定司法责任追究的限度，对于激励检察官公正办案具有重要价值。因此，应当明确司法责任免责的边界[③]，区分不同业务检察权运行模式。具体而言，根据检察事务决定权由检察官享有的程度，设置司法责任免责评判标准。对于完全由检察官承办、决定、签发文书的事务，应当实行客观的免责标准，对于由检察官——检察长共享检察业务决定权的，则采取主客观相一致的免责评判标准，进而合理设置司法责任免责评判标准，防止因边界不清、事项不明，影响检察官执法办案的积

---

① 张建伟："错案责任追究及其障碍性因素"，载《国家检察官学院学报》2017年第1期，第170页。

② 陈光中、王迎龙："司法责任制若干问题之探讨"，载《中国政法大学学报》2016年第2期，第36-37页。

③ 有学者将检察官司法责任豁免情形归结为八个方面：个人认知豁免、自由裁量豁免、执行指令豁免、集体决策豁免、当事人自认豁免、情势变更豁免、不可抗力豁免、超诉讼时效豁免。参见魏腊云："检察官豁免权的法理分析——兼论检察官豁免制度与司法责任制度的契合"，载《广东行政学院学报》2016年第6期，第74页。

极性。

5. 在司法责任形式上，依法设置检察官的责任形式

根据联合国《关于检察官作用的准则》所确定的检察官责任实行法律保留原则和司法豁免原则，对于检察官的处分内容、形式、程序应当实现法定化，责任范围应当具体列举，否则有可能由于司法责任内容的不透明、标准的不统一从而加重检察官的心理负担。上述内容可在《检察官法》修改时一并纳入进行调整，从而防止检察机关及其他组织随意设置对检察官的处分内容。在责任追究内容上，应当从实体性违法事实向程序性违法事实进行转变，在责任追究程序上，应当更加注重法律职业共同体的内部自治，从而确保非因法定程序、非经法定事由不得进行组织、纪律和法律处分。此外，要坚持比例原则，合理设定具体处分形式，增设相对轻缓的惩戒措施，形成符合检察规律、结构层次分明、内容宽严相称的责任体系。因此，将原纪律处分的记大过、撤职、开除予以取消，根据违纪违法处分从轻到重可分为：警告、通报批评、停职、记过、延期晋升、调离司法办案工作岗位、免职、责令辞职、辞退等司法责任形式。对于警告、通报批评、停职等影响较小的处分，可由检察长先行决定，然后报检察官惩戒委员会审议；对于记过、延期晋升、调离办案岗位、免职等关涉检察官办案资格的处分，则必须由检察官惩戒委员会审议。

(二) 检察官惩戒委员会职能定位的中立化

从检察官惩戒委员会的设置背景来看，主要是确保对检察官办案责任追究的中立性和客观化①，确保检察官非因法定事由和法定程序受到非法处分。2016年7月，中央深改组通过了《关于建立法官、检察官惩戒制度的意见（试行）》②，该意见主要规定了检察官惩戒委员会的组成、负责主体、举证责任、当事检察官的辩解权等内容，对于增强检察官惩戒委员会的中立性具有一定意义，但是仍然存在代表性不足、中立性保障有限

① 孟建柱："深化司法体制改革"，载《人民日报》2014年11月7日，第6版。

② 参见《关于建立法官、检察官惩戒制度的意见（试行）》。

等问题。因此，应当加强检察官惩戒委员会职能定位的中立化建设。

(1) 改革目前检察机关内部机构的责任追究体制，建立由检察长、检察官、人大代表、政协委员和社会人士组成的省级检察官惩戒委员会，完善惩戒程序和申诉程序，实现检察官职业自治。根据我国宪法规定，检察机关由人大产生，对其负责，因此，省级检察官惩戒委员会应当设置在省级人大，由人大产生，对其负责。同时，建立回避制度，与案件有利害关系的惩戒委员会委员，可以主动回避或者依申请而回避。

(2) 科学厘定检察官惩戒委员会与检察官组织管理部门之间的关系。从性质上来看，检察官组织管理部门与检察官惩戒委员会分别属于党内机构和国家机构，两者性质、功能应当各不相同，因此在检察官办案责任追究上发挥的职责应当有所区别。作为检察官组织管理部门，可以从党纪角度对检察官进行纪律处分，而检察官惩戒委员会则主要从国家法律角度对检察官进行处分，两者并行不悖。

(3) 赋予检察官惩戒委员会审议结果的法律约束力。对于检察官惩戒委员会作出的审议决定，当事检察机关应当执行，但可向其申请复议一次。

(三) 检察官责任追究程序设置的适度司法化

由于对检察官办案责任的追究关涉检察官的独立地位，为防止因控制检察官从而决定案件走向，确保检察官客观公正义务的实现，对于检察官责任追究程序应当适度司法化。一是明确由检察院纪检监察部门对当事检察官违法行为进行举证，并承担优势证据的证明责任，防止检察官因为办案被恣意追究。二是赋予检察官辩护权。对于涉嫌违法指控有权委托他人或者自行辩护，检察官行使辩护权的不能加重处分。三是实行程序公开。检察官惩戒委员会对于检察官责任追究与否的审议应当以公开的形式进行，确保当事检察官的参与权和社会大众的知情权。

(四) 检察官救济权利保障的实质化

实质化是相对于形式化而言，所谓实质化，是指对检察官救济权利的保障应当充分且具有实质意义①。因此，应当进一步健全检察官救济权利的保障机制。首先，赋予检察官对处分决定的复议权。当事检察官对于检察官惩戒委员会拟决处分，有权要求其复议一次，复议期间不停止处分执行。其次，明确检察官的复议申请应向检察官惩戒委员会提出。根据权责一致原则，当事检察官在受到处分决定后不服的，可以无理由向检察官惩戒委员会提出再次复议申请。对于检察官的申请，检察官惩戒委员会应在合理时限内安排其他委员再次对责任结果进行审议，并根据审议内容作出审议决定，该决定为最终决定。

五、完善检察官职业保障机制

（一）完善检察官任职资格制度

一是优化法律职业人才培养方案，完善法学学科结构，理论与实践教学相结合，建立统一的法律职业人才培养机制，提升法律职业人员水平。二是完善初任检察官统一招录制度。对于初任检察官，由省级检察院实行同一招录标准，统一招录，在基层检察机关任职。此外，适当提高初任检察官的任职年龄、法律工作年限要求。同时，建立初任检察官研修制度，提高检察官实践水平。三是根据《全国人大常委会关于实行宪法宣誓制度的决定》，坚持实行检察官任职前进行宪法宣誓。四是建立符合司法职业特点的检察官管理制度，在坚持党管干部的原则下，实现省级以下检察长由省检察院提名、管理和任命，省级以下人民检察院领导由市检察院提名、管理和任命，其他检察官由本院检察长提名、管理和任命。五是健全从律师、法律专家中选拔检察官制度。为进一步拓宽检察官选拔渠道，使优秀的法律人才进入检察队伍，中央全面深化改革领导小组在2016年3月22日审议通过了《关于从律师和法学专家中公开选拔立法工作者、法官、检察官办法》，对此，应当进一步细化具体条件，并予以公开。综合

① 宋英辉等：《刑事诉讼原理（第三版）》，北京大学出版社2014年版，第71页。

考虑律师、法学专家的任职资历和工作资历等条件，空留部分名额，定期予以选拔、认定和管理。

（二）完善检察官行为保障机制

根据联合国《关于检察官作用的准则》规定："各国应确保检察官得以在没有任何恐吓、阻碍、侵扰，不正当干预或不合理地承担民事、刑事或其他责任的情况下履行其专业职责。"因此，应在以下几个方面加强检察官的行为保障：一是建立健全司法人员履行法定职责保护机制。明确管理权限、处分责任和处分程序，并给予必要的救济机会。检察官非因法定事由，非经法定程序，不得将其调离、辞退或者作出免职、降级等处分。二是建立领导干部干预司法活动、插手具体案件处理的记录、通报和责任追究制度。以法律为标准区分非法干预和合理职权行为，对于领导干部干预司法活动、插手具体案件的批示、函文、记录等信息，建立依法提取、介质存储、专库录入、入卷存查机制，相关信息均应当存入案件正卷，供当事人及其代理人查询。① 通过上述机制的建立，从而使检察官敢于排除不正当干涉，确保公正履职。三是设立科学的符合司法规律的办案评价体系、司法人员工作业绩考核标准，引入社会人员评价，使评价体系和标准更加多元化和科学性。要根据检察官办案数量、质量、难易程度，建立科学合理的办案绩效考核办法，让入额检察官多办案、办好案。同时，要充分利用信息化、大数据手段，实行常态化的绩效考核，坚持公开、量化考核。特别注意，要充分考虑检察办案的复杂性和多样性，防止简单的数字化管理和考核，避免因为统一考核指标而使检察官办案责任制改革走"回头路"。四是建立检察官司法豁免制度。检察官办案责任制改革意味着检察官在办案过程中将直面各种复杂局面，特别是有可能诱发涉法信访的压力，对此，应当建立司法豁免制度。司法豁免，是指对于检察官的特定行为免予追究责任的制度。构建检察官司法豁免制度是保障检察官依法

① 张永进、李冉："领导干部干预司法的责任追究制度研究"，载《铁道警察学院学报》2015 年第 3 期，第 65 页。

独立公正行使检察权的重要制度支撑，也是我国“两元”司法体制的内在要求。要在今后立法中，明确检察官的固有权限和固有自由，以及特定条件下的抗命权，确保检察官客观公正义务的履行。

（三）完善检察官待遇保障机制

据统计，在联合国193个会员国宪法中，将检察机关列为司法机关的国家包括中国、朝鲜、土耳其、越南、白俄罗斯、俄罗斯联邦、西班牙、巴西、古巴9个国家。在土耳其，对于法官和检察官实行相同的职位保障标准，依据其宪法第139条规定，法官和检察官不得被免职，也不得在达到宪法规定的年龄前令其退休，即使法院或者职位已被撤销，其薪金、津贴和其他个人权益也不得因此被剥夺。对检察官因犯罪被免职，因健康原因而不能履行职务者，以及被认为不宜继续担任职务者所作出的例外规定由法律予以规定。第140条规定，对于检察官的任职资格、任命、权利和义务、薪金和津贴、晋升、职责或者委派的临时或者长期变更，对其提出纪律处分和处以纪律处分、对其利用职权犯罪或者在任职期间的犯罪进行调查和决定予以起诉、因犯罪或者不称职而应予免职、在职培训以及同其个人地位有关的其他事项，由法律根据法院独立和法官职位保障原则规定。[①] 对此，应当借鉴域外国家、地区检察官待遇规定和标准进行完善与改革。

（1）突出检察官职业特点，对检察官给予特殊政策，建立有别于其他公务员的单独职务序列。在实施试点的基础上，加快立法进程，对《检察官法》和《人民检察院组织法》进行相应修改，确保改革有法可依，在法治的框架内进行。

（2）建立全国统一的法官、检察官工资制度，完善检察官工资、津贴补贴和福利保险体系。在统一制度的前提下，体现职业特点，建立与法

① 孙谦、韩大元：《司法机构与司法制度——世界各国宪法的规定》，中国检察出版社2013年版，第24页。

官、检察官单独职务序列设置办法相衔接、有别于其他公务员的工资制度。[①] 同时，检察官工资制度改革已进入深水区，面临从普遍增长到合理分配的转型，对此应当建立健全与办案数量、质量直接挂钩的绩效考核办法，合理确定绩效考核奖金的分配，从而激励检察官多办案，办好案。建立健全检察官、检察辅助人员绩效考核及奖金分配制度。

（3）完善检察系统单独职务序列制度。首先，完善检察官单独职务序列制度，拓宽检察官的晋升空间，检察官晋升应当与其他公务员有所区别，依据按期晋升，择优选升的原则确定晋升标准，对于基层一线检察官，针对其职级待遇低、晋升空间有限的现状，适当增加单独职务序列职数、职级，在晋升方式上采取按期晋升和择优选升相结合，从而确保优秀的人才留在基层一线。其次，完善检察辅助人员职务序列制度，建立与检察官遴选对接机制，进而打破职务晋升的天花板。

（4）完善检察官职业荣誉制度，[②] 实现检察人员奖励制度的规范化和制度化，提升检察官职业荣誉感和归属感。联合国《关于检察官作用的准则》规定，“检察官作为司法工作的重要执行者，应在任何时候都保持其职业的荣誉和尊严”。因此，建立检察官职业荣誉制度具有特殊意义。要将检察官职业荣誉纳入国家职业荣誉范畴，实现一体保障；在保障对象上，根据组织行为学原理，对群体而不是成员个体进行奖励可避免成员因个人荣誉的得失而与组织成员发生矛盾，培养组织成员的组织荣誉，以增强办案组织的团结与协作。

（5）适当兼顾非检察官人员待遇。由于此次改革是断崖式、内部性的调整，在大幅度提高检察官待遇的同时，还要注意检察机关内部检察官与非检察官人员待遇的平衡衔接，增加改革正能量，形成改革合力。

---

① 参见《法官、检察官单独职务序列改革试点方案》《法官、检察官工资制度改革试点方案》。

② 参见孟建柱：“提高政法队伍建设科学化水平”，载《人民日报》2016 年 6 月 23 日，第 6 版。

六、完善相关配套机制

1. 深入推进检察人员分类管理改革

检察官办案责任制改革，离不开其他检察类别人员的职业化和正规化。一方面，检察人员的分类管理使得检察官与其他检察人员的区别更加明显，这种区别将会打破现有的均衡，这就需要其他类别检察人员拥有自己职业特征的职务序列，而不再走一元化行政晋升的独木桥。另一方面，由于受检察官员额和比例的限制，相当一部分原来的检察官会分流为检察辅助人员或司法行政人员，涉及利益格局的再次调整，这就可能导致新的矛盾突发，需要提前考虑。① 因此，当前应及时建立具体而有区别的检察辅助人员单独职务序列制度，检察行政人员参照公务员管理程序。对于检察官助理，因其在检察官的领导下行使部分检察职权，并且员额制改革后，将使部分未入额的检察官和助理检察官转化为检察官助理，这就要求妥善处理这部分人员，使其成为改革的参与者、支持者和受益者。同时，针对当前人员编制限制，检察官与检察官助理比例失调，从而难以保证新型办案组织的有效运行，因此，应当采取灵活多样的补录方式，提高检察官助理比例。司法警察参照公安机关实行单独警察职务序列，警官、警员职数按照有关规定执行；检察技术人员执行专业技术类公务员的职务序列和职数的有关规定；其他检察辅助人员执行综合管理类公务员的有关规定；司法行政人员按照综合管理类公务员的有关规定执行。② 同时，在改革过渡期，设定各类检察人员之间交流的条件和标准，从而确保各类检察人员在条件允许范围内的正常流动。

2. 稳步推进检察官员额制改革

从《检察官法》的规定来看，检察官员额数量由最高检察机关会同有关部门确定。也就是说，检察官入额比例和数量并非属于法律保留事

---

① 马英川：“检察人员分类管理制度研究”，载《法学杂志》2014 年第 8 期，第 115 页。

② 《人民检察院工作人员分类管理制度改革意见》（2013）。

项，无须专门进行法律调整。但是，由于检察官员额制是对现有检察官身份的重新调整和筛选，一旦落选将无法享有入额检察官所行使的职权、待遇和保障，这与检察官独立性原则相违背。因此，一方面应当修订《检察官法》，将现行的检察官范围进行限缩，明确检察官的任职资格、条件和遴选程序，规定非经省级检察官遴选委员会确认不得入额。另一方面，为当前员额制改革设定一定时间的过渡期，从而减少改革阻力。这就需要妥善处理未入额检察官身份和待遇问题，应当明确规定未入额检察官在过渡期内仍然享有检察官的待遇和保障，非因正当理由和非经法定程序不得免职、辞退和惩戒。

3. 深入推进检察机关内设机构改革

当前，最高人民检察院已经按照中央要求完成了内设机构改革，新的内设机构已经开始运行，省级以下人民检察院也在按照预定时间节点，按照刑事、民事、行政和公益诉讼检察工作平衡、充分、全面发展的要求，稳步推进内设机构改革。新的内设机构设置和重组必将最大程度上激活检察办案活力，实现检察职能的充分发挥。但是，仍须注意检察权运行中管理与监督的双重平衡。一方面，随着检察官办案责任制改革，检察机关内设机构的管理职责有所弱化，如何通过创新监督方式和内容，确保放权不缺位、运行不越位，十分必要。另一方面，由于检察机关与现行党政体系之间的密切关系并未因内设机构改革而有所减弱，日常党工妇青团等工作仍然由内设机构承担，如何科学分配力量，确保内设机构高效运转也亟待破题。

附录一 关于检察官作用的准则

第八届联合国预防犯罪和罪犯待遇大会通过

1990 年 8 月 27 日至 9 月 7 日，古巴哈瓦那

鉴于《联合国宪章》规定，世界各国人民申明决心创造能维护正义的条件并宣告以进行国际合作，不分种族、性别、语言或宗教，促进并鼓励尊重人权和基本自由作为其宗旨之一，

鉴于《世界人权宣言》庄严宣布了法律面前人人平等的原则、无罪推定的原则和有权得到独立和不偏不倚的法庭进行公正和公开审讯的原则，

鉴于目前在这些原则的基本设想和实际情况之间依然常常存在着差距，

鉴于各国应当按照这些原则的精神去组织和开展司法工作，努力使这些原则完全成为现实，

鉴于检察官在司法工作中具有决定性作用，有关履行其重要职责的规则应促进其尊重并按照上述原则行事，从而有助于刑事司法公平而合理，并有效地保护公民免受犯罪行为的侵害，

鉴于通过改进检察官的征聘方法及其法律和专业培训，并向他们提供一切必要手段，使他们在打击犯罪行为，特别是打击新形式和新规模的犯罪行为方面得以恪尽职守，确保检察官具备履行其职责所必需的专业资历具有十分重要的意义，

鉴于联合国大会根据第五届联合国预防犯罪和罪犯待遇大会的建议，在其 1979 年 12 月 17 日第 34/169 号决议中通过《执法人员行为守则》，

鉴于第六届联合国预防犯罪和罪犯待遇大会在其第 16 号决议中要求

犯罪预防和控制委员会把制定关于法官的独立及关于法官和检察官的甄选、专业培训和地位的指导方针，列为其工作的重点，

鉴于第七届联合国预防犯罪和罪犯待遇大会通过了《关于司法机关独立的基本原则》，随后又由联合国大会1985年11月29日第40/32号和1985年12月13日第40/146号决议予以批准，

鉴于《为罪行和滥用权力行为受害者取得公理的基本原则宣言》建议在国际和国家这两级采取措施，使犯罪行为的受害者能更好地获得正义与公平待遇、追复原物、赔偿和援助，

鉴于第七届联合国预防犯罪大会在其第7号决议中要求犯罪预防和控制委员会考虑是否需要制定有关以下各方面的准则：检察官的甄选、专业培训和地位，对他们的职责和行为的要求，使他们对刑事司法制度的顺利运作作出更大贡献和增进他们与警方的合作的手段，他们的酌处权的范围，以及他们在刑事诉讼程序中的作用，并就此向今后各届联合国预防犯罪大会提出报告，

所制定的下列各项准则，其目的在于协助会员国确保和促进检察官在刑事诉讼程序中发挥有效、不偏不倚和公正无私的作用，各国政府在其国家立法和实践中应尊重并考虑到这些准则的规定，同时还应使检察官、法官、律师、行政和立法部门的成员以及一般公众注意到本准则。本准则制定时考虑的主要是公诉检察官，但它们同样可以酌情适用于特别任命的检察官。

资格、甄选和培训

1. 获选担任检察官者，均应为受过适当的培训并具备适当资历、为人正直而有能力的人。

2. 各国政府应确保：

(a) 甄选检察官的标准应包含保障措施，防止基于偏见或成见的任用，不得因种族、肤色、性别、语言、宗教、政治见解或其他见解、社会或族裔出身、财产、本人出身、经济地位或其他地位而对任何人实行歧

视，但对检察官候选人须是有关国家国民的要求，不应被视为歧视；

（b）检察官应受过适当的教育和培训，应使其认识到其职务所涉的理想和职业道德，宪法和其他法规中有关保护嫌疑犯和受害者的规定，以及由国家法律和国际法所承认的各项人权和基本自由。

地位和服务条件

3. 检察官作为司法工作的重要执行者，应在任何时候都保持其职业的荣誉和尊严。

4. 各国应确保检察官得以在没有任何恐吓、阻障、侵扰，不正当干预或不合理地承担民事、刑事或其他责任的情况下履行其专业职责。

5. 如若检察官及其家属的安全因履行其检察职能而受到威胁，有关当局应向他们提供人身安全保护。

6. 检察官的服务条件、充足的报酬，在适用的情况下其任期、退休金以及退休年龄均应由法律或者颁布法规或条例加以规定。

7. 如有检察官晋升制度，则检察官的晋升应以各种客观因素，特别是专业资历、能力、品行和经验为根据，并按照公平和公正的程序加以决定。

言论和结社的自由

8. 检察官同其他公民一样，享有言论、信仰、结社和集会的自由。特别是他们应有权参加公众对有关法律、司法和促进及保护人权问题的讨论，有权参加或成立本地、国家或国际组织和参加其会议，而不应因其合法行动或为一合法组织成员而蒙受职业上的不利。在行使这些权利时，检察官应始终根据法律以及公认的职业标准和道德行事。

9. 检察官可自由组织和参加专业协会或代表其利益的其他组织，以促进其专业培训和保护其地位。

在刑事诉讼中的作用

10. 检察官的职责应与司法职能严格分开。

11. 检察官应在刑事诉讼、包括提起诉讼，和根据法律授权或当地惯例，在调查犯罪、监督调查的合法性、监督法院判决的执行和作为公众利益的代表行使其他职能中，发挥积极作用。

12. 检察官应始终一贯迅速而公平地依法行事，尊重和保护人的尊严，以及维护人权，从而有助于确保法定诉讼程序和刑事司法系统的职能顺利地运行。

13. 检察官在履行其职责时应：

（a）不偏不倚地履行其职能，并避免任何政治、社会、宗教、种族、文化、性别或任何其他形式的歧视；

（b）保证公众利益，按照客观标准行事，适当考虑到嫌疑犯和受害者的立场，并注意到一切有关的情况，无论是否对嫌疑犯有利或不利；

（c）对掌握的情况保守秘密，除非履行职责或司法上的需要有不同的要求；

（d）在受害者的个人利益受到影响时应考虑到其观点和所关心的问题，并确保按照《为罪行和滥用权力行为受害者取得公理的基本原则宣言》，使受害者知悉其权利。

14. 如若一项不偏不倚的调查表明的起诉缺乏根据，检察官不应提出或继续检控，或应竭力阻止诉讼程序。

15. 检察官应适当注意公务人员所犯的罪行，特别是对贪污腐化、滥用权力、严重侵犯嫌疑犯人权、国际法公认的其他罪行的起诉，和依照法律授权或当地惯例对这种罪行的调查。

16. 当检察官根据合理的原因得知或认为其掌握的不利于嫌疑犯的证据是通过严重侵犯嫌疑犯人权的非法手段，尤其是通过拷打，残酷的、非人道的或有辱人格的待遇或处罚或以其他违反人权办法而取得的，检察官应拒绝将此类证据用于采用上述手段者之外的任何人，或将此事通知法院，并应采取一切必要的步骤确保酌处职能将使用上述手段的责任者绳之以法。

17. 有些国家规定检察官拥有酌处职能，在这些国家中，法律或已公布的法规或条例应规定一些准则，增进在检控过程中作出裁决，包括起诉和免于起诉的裁决的公正和连贯性。

起诉之外的办法

18. 根据国家法律，检察官应在充分尊重嫌疑者和受害者的人权的基础上，适当考虑免于起诉、有条件或无条件地中止诉讼程序或使某些刑事案件从正规的司法系统转由其他办法处理。为此目的，各国应充分探讨改用非刑事办法的可能性，目的不仅是减轻过重的法院负担，而且也可避免受到审前拘留、起诉和定罪的污名以及避免监禁可能带来的不利后果。

19. 在检察官拥有决定应否对少年起诉酌处职能的国家，应对犯罪的性质和严重程度、保护社会和少年的品格和出身经历给予特别考虑。在作这种决定时，检察官应根据有关少年司法审判法和程序，特别考虑起诉之外的可行办法。检察官应尽量在有绝对必要时才对少年采取起诉行动。

与其他政府机构或组织的关系

20. 为了确保起诉公平而有效，检察官应尽力与警察局、法院、法律界、公共辩护人和政府其他机构进行合作。

纪律处分程序

21. 对检察官违纪行为的处理应以法律或法律条例为依据。对检察官涉嫌已超乎专业标准幅度的方式行事的控告，应按照适当的程序迅速而公平地加以处理。检察官应有权利获得公正申诉的机会。这项决定应经过独立审查。

22. 针对检察官的纪律处分程序应保证客观评价和决定。纪律处分程序均应根据法律规定，职业行为准则和其他已确立的标准及专业道德规范并根据本《准则》加以处理。

遵守准则

23. 检察官应遵守本准则。他们还应竭尽全力防止和坚决反对任何违反准则的行为。

24. 检察官如有理由认为业已发生或即将发生违反本准则的行为，应向其上级机关，并视情况，向其他拥有检查权或纠正权的有关当局或机构报告情况。

附录二 检控人员专业责任守则和主要职责及权利的声明

国际检察官联合会于1999年4月23日通过

鉴于国际检察官联合会的宗旨已于其宪章第2.3条阐明，而该等宗旨包括提倡公正不阿、行之有效、不偏不倚兼具高效率的刑事检控工作，并促进高水平及具高原则性的刑事司法制度；

鉴于联合国已于1990年在古巴哈瓦那举行的第八届有关预防犯罪和罪犯待遇大会的会议上通过《关于检察官作用的准则》；

鉴于国际社区已于《联合国世界人权宣言》及其后的国际公约、契约及其他文献中阐明人人应享的权利与自由；

鉴于公众有需要对刑事司法制度抱有信心，确信制度公正无私；

鉴于检控人员在刑事司法制度中担当重要的角色；

鉴于检控人员是否参与侦查工作按不同司法管辖区而异，而其参与程度又各有不同；

鉴于行使检控酌情权是一项重大严肃的责任；

又鉴于行使检控酌情权时应尽量公开透明，以符合人权、避免使受害者再受损害，并以客观无私的方式进行；

为此，国际检察官联合会通过下列声明，以阐明检控人员的专业操守和主要职责及权利：

1. 专业操守

1.1 检控人员须：

(a) 在任何时候皆维持专业信誉及尊严；

(b) 永远保持专业水准，依法办事并符合专业规则及道德操守；

(c) 在任何时间皆秉持公正廉洁，谨慎从事，以达致最高标准；

(d) 不断求知，以掌握法律专业的最新发展；

(e) 力求言行一致、独立行事、不偏不倚，并于人前付诸实行；

(f) 常致力保障被告人接受公平审讯的权利，尤其是要确保对被告人有利的证据是会按法例规定或公平审讯的原则而予展示；

(g) 永远致力为公众利益服务，并维护公众利益；

(h) 尊重、维护、并秉持人类尊严及人权的普遍概念。

2. 独立行事

2.1　某些司法管辖区若容许行使检控酌情权，检控人员行使该项权力时，应独立行事而不受政治干预；

2.2　非检控机关若有权向检控人员发出一般或特别指示，该等指示应该：

(a) 公开透明；

(b) 符合法例赋予的权力；

(c) 受既定指引规管，以维护检控独立的事实及观感。

2.3　非检控机关如有权指示提起诉讼或终止依法提起的诉讼，则应以相同方式行使这项权力。

3. 不偏不倚

3.1　检控人员执行职务时须无私、无惧、不偏不倚，尤其须：

(a) 不偏不倚地执行职能；

(b) 不受个人或界别的利益及公众或媒介的压力所影响，只着眼于公众利益；

(c) 客观行事；

(d) 对所有有关的情况都予考虑，无论该等情况对受疑人是有利或不利；

(e) 根据当地法律或公平审讯的规定，尽力确保所有必须及合理的查询皆已进行而且结果亦已公布，无论有关查询及结果是会证实受疑人有罪或无罪；

（f）永远力求真相和协助法庭找出真相，并根据法例和公正不阿的原则，务求在社会、受害者与受疑人之间，秉公行义。

4. 刑事诉讼职责

4.1　检控人员执行职务时须公正不阿、行事迅速而一致。

4.2　检控人员在刑事诉讼中须担当以下积极角色：

（a）在援引法例或按实务职责赋予的权力而参与罪案侦查工作时，或向警方或其他侦查人员行使职权时，检控人员须以客观、不偏不倚及专业的态度执行职务；

（b）在督导罪案侦查工作时，检控人员应确保侦查人员尊重法律规则及基本人权；

（c）检控人员提供意见时，须竭力维持不偏不倚及客观的态度；

（d）检控人员在提起刑事诉讼时，只有在案件有充分证据支持，并且有理由相信有关证据是可靠和可采纳的，才会进行；如果欠缺这些证据，则不会继续检控；

（e）在诉讼进行期间，须坚定而公正地就案件执行检控工作；并且不超出证据所显示的范围；

（f）检控人员根据当地法律和惯例就执行法庭的决定行使监管职能或履行其他非检控职能时，须时刻为公众利益而行事。

4.3　此外，检控人员必须：

（a）紧守专业保密原则；

（b）按照当地法律和公平审讯的规定，在受害者和证人的个人权益受到或可能受到影响时，考虑他们的意见、合法权益和可能担心的事宜，并且设法确保受害者和证人获告知其权利；同样，设法确保任何受屈的一方获告知，他有权在可能的情况下向更高层主管当局/更高级别法院求助；

（c）与法庭和其他有关机关合作，保障被告人的权利；

（d）按照法律或公平审讯的规定，在合理情况下尽早向被告人展示有关不利和有利的资料；

（e）检查拟采用的证据，以确定有关证据是否以合法或合宪的方式取得；

（f）如有理由相信证据是以不法方式取得，尤其是构成酷刑或残酷对待的方式，严重侵犯受疑人的人权，则拒绝采用有关证据；

（g）设法促使有关方面对使用这些方法的人采取适当行动；

（h）按照当地法律和公平审讯的规定，充分考虑免予检控、有条件或无条件中止法律程序，或在适当情况下，考虑以正式司法体系以外的途径处理刑事案件，尤其是涉及年轻被告人的案件，而又充分尊重受疑人和受害者的权利。

5. 合作

5.1 为确保检控工作公平而具成效，检控人员必须：

（a）与警方、法庭、法律界、辩方律师、公设辩护人和其他政府机关合作，不论是国家或国际机关；以及

（b）按照法律规定，本着相互合作的精神，协助其他司法管辖区的检控机关和人员。

6. 赋权

6.1 为确保检控人员能够按这些标准独立履行专业职责，检控人员应该受到保障，免受政府任意行为侵扰。一般而言，检控人员应该有权：

（a）履行其专业职能，不受恐吓、阻碍、侵扰及不当干预，亦不用无理地承担民事责任、承受处罚或其他法律责任；

（b）当检控人员恰当履行检控职能而令其本人及家属的个人安全受到威胁时，则其本人连同家属须受到当局人身保护；

（c）享有与其主要职责相称的合理服务条件及充足薪酬，薪金或其他福利不得任意被削减；

（d）享有合理和规定的职位保障和退休金，并且在指定年龄退休，唯须符合个别情况的就业或选择条件；

（e）获招聘和晋升，所依据的是客观因素，特别是专业资历、能力、品格、工作表现和经验等因素，而有关决定乃按照公正和公平的程序作出；

（f）如有关作为被投诉超出恰当专业准则的范围，以致需要采取纪律措施，则有权根据法律或法规迅速获得公正聆讯；

（g）在纪律聆讯中获得客观的评估和决定；

（h）成立和参加专业组织或其他组织以保护权益、加强专业培训，并且保障成员的地位；

（i）获宽免不须遵守不法命令或有违专业准则或道德操守的命令。

后　记

由于职业和学术使然，我在攻读博士期间，对域外检察官办案责任制产生了浓厚的兴趣。作为司法体制改革的重点和难点，域外的检察官办案责任制如何规定，又具有何种特色呢？带着这一疑问，我开始广泛查找资料，然而，结果很令人失望，至少在有限的资料搜索中没有发现学者对此问题的全面阐述，仅有的研究散见于学者对检察制度比较研究的片段之中。面对中文资料的缺乏，迫使我沉下心来，开始了一手资料的查找和翻译，随着研究的深入，检察官办案责任制的系列比较研究成果开始逐一呈现。

但凡比较研究，都会面临“水土不服”的质疑，以及能否比较、如何比较的批判。更有甚者，还会存在无从比较的诘难。而检察官办案责任制则是上述困惑的综合呈现。首先，检察官办案责任制是一个完全“中国化”的改革表述，它是司法责任制下的“核心”概念，域外国家和地区根本没有直接对应的词汇表述，从而带来比较可能性的批判。然而，如果仅仅限于词语概念本身，确实无从进行比较，更奢谈深入研究。然而，党的十八大以来，轰轰烈烈的司法责任制改革，难道仅仅具有“地方性”，而无法参考和借鉴域外经验吗？对此，必须跳出概念本身，从更为宽广的视野和框架进行分析。检察官办案责任制改革本质上是检察权微观运行机制改革，以区别于宏观的运行机制。这就为比较研究提供了可能，那就是从检察官办案责任制关注的内容和涉及的主题方面进行相关比较，从而全面获悉域外国家和地区的经验。在此基础上，德国检察官办案责任制、法国检察官办案责任制、日本检察官办案责任制等国家和地区的相关资料相继写作出来，进而为我的博士论文写作提供了思路和借鉴。

当然，由于水平有限，上述比较和分析还较为浅薄，存在诸多的不足和谬误，对此，文责自负，希望广大专家学者批评指正。

作者

2019 年 6 月